空気の読み方、教えてください

カナダ人落語家修業記

桂 三輝
Katsura Sunshine

小学館よしもと新書

はじめに

二〇〇八年二月のある雨の日。一人のカナダ人が、大阪・天満《てんま》の寄席《よせ》、天満天神繁昌亭《てんじんはんじょうてい》の楽屋口に立っていました。落語家、桂三枝《かつらさんし》（当時。現・六代桂文枝《ぶんし》）に弟子入りするためです。

楽屋口に車が到着します。師匠が車から降りると、そのカナダ人は雨の中、土下座しました。

「師匠！　弟子にしてください！」

派手な着物を身にまとった大柄の外国人が、雨の中で土下座している風景はさぞ奇妙なものだったでしょう。

これが、桂文枝の十五番目の弟子、桂三輝《さんしゃいん》こと、グレッグ・ロービック、つまりこの私です。

このとき、考えなしに愚かなふるまいをしたことを兄弟子にたしなめられることになるのですが、その話は、後ほど改めてすることにいたしましょう。

私は、カナダのトロントで生まれ育ちました。

カナダでは、ギリシャ喜劇をミュージカルに翻案する劇作家として活動していて、いつかニューヨークのブロードウェイで自分の作品が上演されることを夢見ていました。

来日したのは、一九九九年。二十九歳のときです。

初めて落語を聴《き》いたのは、横浜でのこと。それまで観《み》たことのない、この斬新なエンターテインメントに、すぐに魅了されました。それから、紆余曲折《うよきょくせつ》を経て桂文枝の弟子となり、「桂三輝」という名をもらい、おかげさまで落語家になることができました。

外国人で落語家になったのは、明治・大正期に活躍した初代快楽亭ブラックに続き、私が二人目。およそ百年ぶりの外国人落語家の誕生でした。上方落語界では初めての外国人です。今では私のほかに、スウェーデン人の三遊亭じゅうべぇと、カナダ人の桂福龍《ふくりゅう》の、合わせて三人の外国人落語家がいます。

カナダの若手劇作家だった男が、巡り巡って、遠い異国の日本で落語家になった。私のたどった数奇な道を思うと、今でも不思議な気持ちになります。さまざまな方とのご縁が、私を落語家へと導いてくれました。

なぜ私は日本に住み着いたのか。そして落語のどこに惹《ひ》かれ、どうやって落語家になったのか。

その顚末《てんまつ》を、本書で述べたいと思います。

どうぞ皆様、最後までお付き合いいただければ光栄に存じます。

二〇一七年八月　桂三輝

空気の読み方、教えてください

カナダ人落語家修業記

目次

第5章 ◉ 英語で落語を演じること ……… 151

第1章

カナダの劇作家、日本に恋をする

人を笑わせるのが好きな少年

私はカナダのトロント郊外のベッドタウンで生まれました。父と母はスロベニア系の移民。父は自動車修理店のオーナーで、母は父の店を手伝っていました。兄弟は私と弟の二人。ごく普通の、カナダの中流家庭に育ちました。

両親の話によると、私は幼いころから喋《しゃべ》るのが大好きな子だったようです。たとえば私が五～六歳のころ。家の前でボールで遊んでいると、そこに近所のおばさんが通って、「ハロー」と私に挨拶をします。そういうとき、私はおばさんの後についていって、「どこに行くの？」「何を買うの？」と質問攻めにしていたそうです。二時間ほどして、おばさんが買い物から帰ってくると、さっきの会話を全部覚えていて、「あれは買えた？」「これは買えた？」ともう一回質問攻めにする。

家の中でも、とにかく朝起きてから夜寝るまで喋り続けるので、「グレッグは黙ってことを知らないな」と父によく言われていたそうです。

弟や従兄弟《いとこ》たちと一緒に芝居をつくったこともありました。家ではよくホームパーティが開かれていたのですが、だいたい大人は自分たちだけで会話をしているから、子供はつまらない。「じゃあ、ヒマだからお芝居をやろう」と言って、私が話を考えて、弟たちに演技指導をして芝居をつくる。それを大人たちに見せると、みんなに受けていました。

芝居といっても、大人の会話をそのまま再現したような、たわいもないものです。たとえば、私が父親役、弟が母親役をして、両親が普段よくやっている会話を再現する。それで大人たちは盛り上がるんです。子供なりに一所懸命考えて、ストーリーの最後にはちゃんと「オチ」を用意していました。

このころから「人を笑わせたい」という気持ちがあったのですね。

それだけ喋るのが好きな子だったのですが、俳優になりたいとか、コメディアンになりたいという気持ちは特にありませんでした。

エンターテインメントの世界に入った最初のきっかけは、高校で演劇部に所属したことです。カナダの教育システムはところによって異なりますが、私の地域では小学校が八年、高校が五年あり、中学校はありませんでした。高校入学は日本でいうと、中学三年生にあたる歳《とし》です。

最初は演劇をやる気はありませんでした。日本でもそうかもしれませんが、カナダで男子の部活動といえば、サッカーやバスケットボールが花形で、演劇なんて恥ずかしいという気持ちがあったのです。でも、顧問の先生に「君は声が大きいね。俳優に向いているよ」と熱心に口説かれて、軽い気持ちで入部しました。その先生は口がうまくて、同じやり方でたくさんの人を勧誘していたんですけどね。

この顧問の先生は英文学の教師だったのですが、とても熱心に部活動の指導をしてくれました。演出も自分で全部やる。おそらく本当は高校教師ではなくブロードウェイの演出家になりたかったのでしょう。練習中にも、「みんな、ちゃんとプロ意識を持って！」とか大声で言う。相手は高校生なのに。おそらく実際のブロードウェイではそんな言い方はしないでしょうが、私はまるで本場のようだと感心して、練習がとても楽しみでした。

演劇部は、前期には芝居、後期にはミュージカルをそれぞれ一作品ずつ上演していました。私が特に好きだったのはミュージカル。小さいころからピアノとアコーディオンをやっていましたし、歌うのも好きでした。

今、日本でミュージカルというと、『レ・ミゼラブル』や『オペラ座の怪人』のようなシリアスな作品を思い浮かべる人が多いかもしれません。でも、ミュージカルは本来、もっと軽快で明るい作品が多いんです。高校の演劇部でやったのは、『オクラホマ!』とか『サウスパシフィック（南太平洋）』、『フィオレロ!』など、アメリカの古典的な作品。こうした昔の作品は、笑える場面がたくさんあります。その点は、落語と似ているかもしれません。

私の高校は男子校だったので、女性の役は他校の女子からスカウトしてくるという伝統でした。だから練習の間だけ、男子校に女性がやってくる。年頃の男子ですから、そんなこともたまらない楽しみでした。

古典ギリシャ・ローマとの出会い

高校時代には、もうひとつ大切な出会いがありました。

それはモラー先生という女性教師との出会いです。

モラー先生はもともとトロント大学でラテン語やギリシャ語を教えていて、子育てを終えて仕事を再開するときに、教師の募集があったので私の高校に来たのです。ですから一般の高校教師とは仕事への取り組み方が違いました。普通の教師は、生徒に何か質問されると自信を持って答えるでしょう。でもモラー先生は、あるとき、「ごめんなさい、ちょっと自信がないですから、調べて明日答えます」と言ったのです。びっくりしました。それだけ、生徒に正確な知識を教えたいという意識が高かったのでしょう。

モラー先生はユーモアのセンスもありました。

ラテン語の作文のときに、ある生徒が「旦那さんが奥さんの中に入る」という意味の文章を作ったのです。もちろんエッチな意味です。そんなふざけた文章を作ったら、先生は絶対に怒るとみんな思った。

ところがモラー先生は、いつも通りの取り澄ました口調で、「文法は完璧ですが、若干不適切な文章ですね」とさらりと言ったんです。生徒はみな大笑いでした。面白いことを言うときには、真面目《まじめ》くさって言うとよいのだと、そのときに学びましたね。

私はモラー先生の授業のおかげで、ラテン語が好きになりました。もともと英語の単語はラテン語から来ているものが多い。だから、ラテン語を学ぶと英語の知識も増えるのです。ラテン語を知ると、大好きな英文学の世界をより深く理解することができました。

すると次の壁にぶち当たりました。シェイクスピアにしろ誰にしろ、英文学の重要な作家は、ラテン語だけでなくギリシャ語にも精通しています。ギリシャ語を知らずにラテン語だけを勉強していても、英文学を理解するには中途半端だということが、だんだんわかってきました。でも、そのとき授業はラテン語だけで、ギリシャ語はなかったのです。

そこで、私と同じように熱心だった何人かの生徒と一緒に、「ギリシャ語を勉強したい」とモラー先生に訴えました。すると先生は、週三回、授業が始まる前の朝七時半から八時十五分の間に、ギリシャ語の授業を特別にやってくれたのです。これはとてもありがたかった。

モラー先生の影響で、私は大学でもギリシャ・ローマの古典喜劇を専攻することになり、それが巡り巡って、日本で落語家になる道につながりました。

後に私は、桂文枝と出会って人生の道を決めることになりますが、もし彼が落語家ではなく大工だったら、私も大工になっていたでしょう。それくらい、人との出会いというものはかけがえのないものだと思います。モラー先生との出会いも、そうしたもののひとつでした。

実はシュールで下品なギリシャ喜劇

トロント大学に進学した私は、ギリシャ・ローマの古典を専攻しました。指導教員のエリック・チャポ教授はギリシャ・ローマ喜劇が専門で、この分野の第一人者です。古典という分野は、実社会では大して役に立ちませんから、当時も今もまったく人気がありません。トロント大学のような大きな大学でも古典を専攻する人は本当に少なくて、授業に行くと、私のほかには三人か四人しかいませんでした。

そこでトロント大学では、高校生に古典の面白さをアピールするために、ギリシャ喜劇を学生たちが演じて、高校生に見せるというイベントを毎年やっていました。ところがエリック先生は学者肌で、こういうイベントの運営はあまりやりたくない。そこで私が、この芝居の企画と演出を毎年やったのです。これが本当に楽しかった。

ここで、ギリシャ喜劇について簡単に説明しましょう。

古代ギリシャでは、喜劇はコンテスト形式で優勝を争うものでした。ひとつの演劇祭で複数の作品が上演され、審査員と観客の投票で、一番面白かった劇が最優秀賞を取ります。これは劇団にとって非常に名誉なことでした。ある意味、一種のスポーツのようなものです。

そのため、プロの役者は基本的に三人と決められていました。三人ですべての役をこなさなければいけないので、いろいろな役を演じるために、役者は仮面をつけます。

この三人の役者以外に、「コロス」と呼ばれるコーラスの役が大勢いて、こちらは一般人が演じます。

ストーリーがある程度まで進むと、いったん話が中断して、コロスによるアピールタイムが始まります。歌い踊りながら、お客さんのことを褒めたり、審査員を持ち上げたり、他の劇団をばかにしたり、政治の話をしたりします。このアピールタイムは、劇の内容にまったく関係ありません。それが終わると、何事もなかったように劇の続きが始まるのです。

余談ですが、後に初めて落語に触れたとき、落語で始めにやる「まくら」がこのギリシャ喜劇のアピールタイムに似ていると思いました。「まくら」は落語の本筋とは関係なく、お客さんのことをいじったり、世間話をしたりしますね。こうした要素は、近代ヨーロッパの演劇にはないものです。ギリシャ喜劇と日本の落語に共通点があるのは、非常に興味深いことです。

そんなギリシャ喜劇を高校生の前で上演したのですが、これは大受けでした。なぜかというと、そもそもギリシャ喜劇には、下品なことがいっぱい出てくるのです。おならのネタが出てきたり、生々しいセックスの話があったりする。近世の英文学のようにオブラートに包んだりはしません。私たちはそれをおかまいなしに上演するものですから、観に来た高校生たちは大喜び。歓声を上げながら楽しんでくれました。

「きみはプロになったほうがいい」

何年かその公演を続けるうちに、だんだんと、大学のあちこちからプロ意識の高いメンバーが集まるようになってきました。将来オペラ歌手をめざしているという人、芸術学部のバイオリン、チェロ、ピアノ奏者など、そうそうたる人たちが参加してくれました。最初は私自身も役者として出演していたのですが、「これだけのメンバーなら、自分が出演する必要はないな。演出だけに専念しよう」と考え、裏方に徹して芝居をひとつ作り上げました。それが大学四年のときにやった『雲』という劇です。

『雲』は古代ギリシャの著名な劇作家、アリストパネスの作品です。ギャンブルで借金を作ってしまった息子に、父親が「哲学者ソクラテスのところへ行って、詭弁《きべん》を学んでこい。それで借金取りを言いくるめろ」とアドバイスします。しかし息子は面倒くさがって行かない。そこでお父さん自身がソクラテスに詭弁を学び、借金取りと対決するのですが、このお父さんが変な人で、詭弁を使えば使うほど、話が頓珍漢《とんちんかん》な方向に行ってしまう。最後には、お父さんがソクラテスの学校に火をつけて燃やしてしまうというオチです。

この『雲』の上演に、友人の父であるカーク・フォーリーさんという方が観に来られました。この方は投資家だったのですが、終演後に突然私のところにやってきて、こう言いました。

「この芝居は素晴らしい。きみはプロになったほうがいい。劇場でこれを上演するのに、いくらかかるか教えなさい。私が全部出す。ぜひやりなさい」

急にそんなことを言われて、私は驚きました。すぐに、公演に必要な予算を算出して、フォーリーさんに伝えました。すると後日、彼は本当に何万ドルものお金を振り込んでくれたんです。

このフォーリーさんの奇特な申し出のおかげで、『雲』はトロントのプア・アレックス・シアターという劇場で、ロングラン公演をすることになりました。

十五ヶ月のロングラン公演

私たちが借りられることになったプア・アレックス・シアターは、客席数百二十人ほどの小さな規模ですが、トロントではよく知られた歴史ある劇場です。オーナーのジョン・サイムズはトロント演劇界の重鎮でした。通常は三週間なり、一ヶ月なりと、決まった期間を借りるものですが、私たちは「オープンエンデッド」という破格の条件で劇場を借りることができました。

「オープンエンデッド」というのは、期限を設けずに、お客さんが入る限り公演を続けるという方式です。ニューヨークのオフブロードウェイでは一般的ですが、トロントではまずありえないやり方でした。

なぜそんなことができたかというと、もちろんフォーリーさんの財政的な支援のおかげです。普通の劇団は、公演をうつために寄付金を募ったり、政府の支援を受けたりしてお金を集めなければなりません。小屋代は何回かに分けて支払うのが普通です。

ところが私の場合、フォーリーさんが気前よく、必要な資金を前払いしてくれた。だから劇場も無期限で貸してくれました。しかもそのとき、たまたまほかの公演の予定が先々まで入っていなかった。本当に運がよかったのです。

『雲』の上演が始まって、最初の一ヶ月はお客さんが全然来ませんでした。宣伝もろくにしていないのですから、当然のことです。

しかし、一ヶ月後に有名な演劇雑誌の記者がたまたま観に来て、私たちの劇をとても気に入ってくれたのです。

「これは素晴らしい出来だね。ほかの評論家はもう観に来たの？」

「いえ、まだ誰も来ていません」

「じゃあ、私が声をかけてみるよ」

次の日に、カナダで一番有名な演劇評論家が観に来てくれることになりました。私は友人たちをサクラとしてかき集め、客席を満席にしました。出演者たちもはりきって、過去最高の演技を見せてくれたのです。そして、その評論家は劇評で私たちの芝居に四つ星（満点）をつけてくれました。

アメリカやカナダでは、演劇評論家の発言が大きな力を持っています。しかも、私たちが『雲』を上演した二十五年前は、まだインターネットが普及していませんから、今よりもっと権威がありました。著名な演劇評論家が褒めてくれれば、観客がどっと押し寄せてくるような時代でした。そうして、『雲』は十五ヶ月という異例のロングラン公演をすることになったのです。それはトロントの当時の歴代最長記録でした。

ロングラン公演のあとは、カナダの地方都市を巡る三週間のツアーをしました。地方都市では、千人の会場がお客さんでいっぱいになることもありました。

借金取りに追われる日々

ロングラン公演とカナダツアーは夢のような出来事でしたが、苦い経験もしました。さすがに十五ヶ月の公演ともなると、延々とフォーリーさんの支援に頼り続けるわけにもいきません。ちょうど彼も本業が忙しくなり、カナダを留守にすることが多くなってきました。途中からは私が借金をして、必要な資金を工面していました。

そもそも『雲』のキャストは全部で十三人。百人規模の劇場で行う公演にしては人数が多すぎでした。客席が六、七割埋まったとしても、キャスト全員に十分なギャラを支払うには足りないのです。

公演が長くなるにつれ、赤字がどんどん膨らんでいきました。

カナダツアーが終わったとき、「もうこれ以上は資金が続かない」とわかり、ついに公演の継続を断念することにしました。当時、私はすでに二十六歳。大学院を途中で辞めて、無職になっていました。そして手元に残ったのは借金です。『雲』は借金がテーマの喜劇ですから、これは本当に皮肉な話でした。私は自分の作品から何も学んでいなかった（笑）。

今から思えば、当時の私は、この芝居を大きく育てるための長期的な展望を持つべきでした。そのときは日々の公演を成功させることしか頭になく、たとえばプロモーションビデオを撮ってこの芝居をどこかに売り込むとか、そうした視点がまったくありませんでした。本当は毎週のようにいろいろなところへ出張して、劇場の支配人やエージェントに会わなければいけなかったのです。私はまだ若く、ビジネスのことを何も知りませんでした。

実は、ニューヨークのあるプロデューサーから、オフブロードウェイで私たちの芝居を興行したいと、声をかけられたこともあったのです。そのとき出された条件は、「出演者が十三人もいるのは多すぎる。半分くらいにできないか？」ということでした。

私は猛然と反対しました。「私たちの『雲』には、これだけの人数が必要です。減らしたら成り立ちません」。

今なら、そんな断り方はしませんね。落語はたった一人ですべての役をこなすことを知っていますから。どうにかして五、六人で芝居を成立させることを考えるでしょう。でも当時の私は、頭が固かったのです。本当にもったいなかった。

『雲』の公演が終わり、アルバイトをして借金を返す日々が始まりました。

そのとき、私は劇作家として身を立てようと心に決めていました。借金取りは毎日のようにやってきましたが、その間にも新作の脚本を書いたり、芝居のワークショップをしたりして、次の公演の道を模索していました。

『雲』があれだけ高く評価されたのだから、またすぐにチャンスが巡ってくるだろう。私はそう楽観していました。しかし、なかなか大きな劇場で公演する機会には恵まれません。最初の運が良すぎたのです。私はせっかく『雲』のロングランのときに、オフブロードウェイで上演するチャンスをつかんでいたのに、それをみすみす逃してしまった。チャンスというのは一度逃すと、もう二度と巡ってこないのです。

教会や公民館のスペースを借りて、ギリシャ喜劇をミュージカルに仕立てた作品をささやかに上演したこともありました。そうした小規模な場所で公演をうってから、それが評判を呼び、やがて大きな劇場にかけられるという道筋が、カナダやアメリカではよくあります。しかし、なかなかエージェントから声はかかりませんでした。

数年間、私は売れない若手劇作家として、トロントでくすぶっていました。

日本への興味

日本に行くことを決めたのは、そんな時期です。

脚本を書くのと並行して、ギリシャ喜劇の研究は続けていました。ある日、一人の学者の論文を見つけます。そこには「古代ギリシャの演劇は、日本の歌舞伎・能と似ている」と書いてありました。

ギリシャ喜劇と歌舞伎・能を比べてみると、確かに共通している部分が多くあります。たとえば、どちらも小道具に面を使い、太鼓や笛、三味線《しゃみせん》のような楽器が使われます。

役者の語り口調も似ています。どちらも、話しているようにも、唱えているようにも、歌っているようにも思える、独自のスタイルが取り入れられているのです。しかもそれらを演出として上手く使い分けて、作品が成り立っている。

古代ギリシャと日本。時代も場所もまったく違うのに、どうしてこんなにも似ているんだろう。これは面白いと思いました。日本の演劇を勉強したら、ギリシャ喜劇を英語で上演するときに、何か生かせるものがあるんじゃないか。新しいインスピレーションが得られるんじゃないか。そんなことを考えて、「日本に行ってみたい」と漠然と思うようになったのです。

どうせ日本に行くなら単なる観光ではなく、最低一年間は現地に住んで、日本語も少しは話せるようになり、日本の文化を肌で感じたい。しかし、そのときはまだ借金も残っていたし、日本への移住なんて夢物語だと諦めていました。

そのころ、私は塾の講師のアルバイトをしていました。ある年のクリスマスパーティで上司と雑談していたとき、彼が英会話学校の教師として日本に住んだ経験があることを知りました。

「日本に住んでいたなんて、うらやましい。私は歌舞伎や能に興味があって、機会があれば住んでみたいと思ってるんですよ」

「だったら、ワーキングホリデービザを取って、来週にでも行ったらいいのに。英会話を教える仕事だったらすぐに見つかるよ」

私はびっくりしました。恥ずかしながら、日本で英語にそれだけのニーズがあるということすら、当時は知らなかったのです。そうと知ると、いてもたってもいられず、日本に行きたい気持ちがますます膨らんでいきました。

数ヶ月迷った末、ついに日本に行くことを決意して、両親に「ちょっと日本に行ってくる。六ヶ月くらいいると思う」と告げました。息子が日本のような遠い外国に行くというのですから、よほど反対するかと思ったら、父は「六ヶ月？　短いな。二年くらい行ってもいいんじゃないか？」と逆に後押ししてくれました。私が当時、トロントで劇作家として行き詰まっていることを、父も知っていたからでしょう。しかしまさか、息子がそれから十八年経《た》っても戻ってこないとは、さすがに想像していなかったでしょうが。

ガングロギャルの衝撃

私が日本にやってきたのは、一九九九年の五月。

東京に着いてまず驚いたのは、当時流行していた「ガングロギャル」の存在です。真っ黒に日焼けして、派手なメイクと服装で街を闊歩《かっぽ》する若い女性。強烈なインパクトを受けました。

当時、欧米では日本人というと、「真面目で勤勉だが、オリジナリティや創造性には欠ける」というイメージがまだあったと思います。私も漠然と、そうしたステレオタイプな見方をしていました。

ところがガングロギャルを見て、そんな見方が百八十度、変わった。「どこがオリジナリティに欠けるんだ。こんなファッションはニューヨークにもパリにもない。若い女の子が、誰の真似《まね》でもない、独自のスタイルを発信している。ものすごくクリエイティブじゃないか」と、日本への誤った認識を根底からくつがえされたのです。

日本で最初に滞在したのは、池袋の小さな旅館。近くに牛丼屋のチェーン店があったことを覚えています。食券を券売機で買うシステムに驚かされました。そのときは私の日本語の能力はほとんどゼロでしたが、ボタンに写真がついていたので、迷わずに注文することができました。日本語がわからなくても簡単に注文できて、しかも美味《お》しい。こんなシステムがあるなんて、なんてモダンな国だろうと思いました。

新しいものと伝統が混ざり合っていることにも感動しました。東京の街を歩けば、まるで映画『ブレードランナー』のような近未来の風景がある。でもその中に、日本の伝統もちゃんと残っているんです。ド派手なパチンコ屋の隣に老舗《しにせ》の呉服屋さんがあったり、着物を着た女性が携帯をいじっていたり。そんなごちゃまぜ感に魅力を感じました。

来日して三日目には、「なんて面白い国なんだ。もうカナダには当分帰らないだろうな」という気持ちになっていました。

今思えば、来日前の私は日本についての知識が大してなく、知っている情報も断片的で、いったい日本がどんなところなのか、よく想像できていなかったんだと思います。

だからその分、日本に来たときに一気に目が覚めたんでしょう。私はすぐに日本の魅力のとりこになりました。

歌舞伎――まったく新しいものと出会った感動

日本に来たそもそもの目的だった歌舞伎や能は、もちろんすぐに観に行きました。

特に歌舞伎には感動しました。言葉はわからなくても、これまで私の知っている西洋の演劇とは哲学が根本的に異なることが、すぐにわかりました。

西洋の演劇は、基本的にリアリズムを指向しています。舞台の上の俳優が、できるだけ血の通った自然な人間に見えるように、さまざまな努力がはらわれます。ミュージカルで俳優が突然歌を歌い出すのは、さすがにリアリズムとは言えませんが、それでも「気持ちが高揚して、もう歌い出さずにはいられないから歌う」という理屈は一応あるわけです。

ところが歌舞伎はそうではない。歌舞伎役者が見栄を切る場面を思い出してください。あんなふうに喋ったり動いたりする人は、世界のどこにもいないでしょう。黒子が歩いてきて、観客の目の前でコスチュームを取るのも同じです。つまり、そもそも「リアルさを追求する」という考え方をしていない。西洋の演劇とは別の哲学で動いているのです。

ですから歌舞伎を観たとき、私は「今まで観た演劇のことは、すべて忘れて味わいなさい」と言われている気がしました。まったく新しいものと出会った感動がそこにあったのです。

そして、こうも思いました。

「二千五百年前のギリシャ喜劇を見たら、私はこの歌舞伎と同じように衝撃を受けたに違いない」

なぜかというと、実はギリシャ喜劇は中世には一度忘れ去られて、伝統が途絶えているからです。現存している脚本も、わずか十数点しかありません。後に復活したときは、残されたわずかな脚本や、彫刻などの手がかりから、どんな演劇だったのかを想像するしかありませんでした。どんな口調でどう演じられていたのか、曲はどんなメロディーだったのか、そもそも古代ギリシャ語はどう発音するのかなど、未だにわからないことがたくさんあるくらいです。

ですから、二千五百年前にタイムトラベルしてギリシャ喜劇を観たら、きっと歌舞伎と同じくらいクレイジーで、常識はずれに思えたことでしょう。

逆に言えば、歌舞伎や能が四百年間途絶えずに生き続けているのが、いかに驚くべきことか。何百年も前の舞台を、今なお当時とほとんど変わらない姿で観られる。それは、世界的に見ても本当にすごいことなのです。

「渋い」の価値を教えてくれた隣人

来日してしばらく池袋の旅館に滞在していましたが、いつまでも旅館暮らしをしているわけにはいきません。ただ、日本で外国人が住宅を探すことは大変。一番の問題は、保証人です。クリアできる物件を探すのは本当に難しいことです。

私の場合は、知り合いのカナダ人が保証人なしで住める物件を紹介してくれました。小田急線の経堂《きょうどう》という駅の近くにある、六畳間の下宿です。決して十分とは言えない広さでしたが、大好きな畳の香りが広がるその部屋で深呼吸するたび、「ああ、自分は本当に日本にいるんだ」と嬉《うれ》しさに震えていたのを思い出します。

同じ下宿に、難波《なんば》という、私と同じ歳の会社員が住んでいました。そこは台所とシャワーが共同だったので、ほかの住人と言葉を交わす機会がありました。彼は外国人に興味があったので、すぐに私と打ち解け、やがて、毎晩のように一緒に酒を飲む仲になりました。私の、最初の日本人の友達です。

難波は私に日本の文化を理解させようと、一所懸命、いろいろな日本語を教えてくれました。

たとえば「渋い」という言葉もそうです。居酒屋で、陶器の皿を指さして「これは渋い」。手描きの漢字を指さして「あれは渋い」。さらには「あのマスターは渋い」「この曲は渋い」。彼の話を聞いているうちに、「渋い」とはどういうことか、おぼろげながらつかめてきました。

「渋い」をひとことで表す言葉は英語にはありません。「austere」（飾り気のない）という単語がちょっと近いけれど、これはどちらかというとマイナスの意味。「渋い」のような褒め言葉ではありません。「austere」と「elegant」（優雅な）、ふたつの形容詞を重ねて、ようやく「渋い」のイメージに近づいてくるのです。

言葉が存在しないということは、つまり「渋い」という概念が英語にはないということです。たとえば西洋では、陶器の皿が十枚あったら、どれもまったく同じ形をしているのが好ましいとされます。もし不揃《ふぞろ》いだったら、それは出来が悪いということです。

ところが日本では、不揃いなものや、形が整っていないもの、手作り感のあるものには「味がある」と考える。私からすれば、「ちゃんと同じ形になるように、もっと技術を磨いたほうがいいんじゃないの」と思うような器でも、難波は「いや、これがいいんだ」と力説するわけです。この考え方は、私にとって衝撃でした。

陶器だけでなく、音楽でもそうです。

西洋の音楽では、それぞれの楽器のリズムが一〇〇％シンクロすることを理想としています。それは、ジャズのような、アドリブを重視する音楽でも同じです。いや、ジャズこそが最もリズムに厳しい音楽だといえるでしょう。ジャズでは、演奏者たちが同じリズムを頭の中で刻んでいます、厳格なリズムを共有しているからこそ、そこから「ずらす」ことができるんです。始めからリズムを合わせられないのでは、お話になりません。

しかし、日本の太鼓や三味線はそうではありません。リズムを一〇〇％シンクロさせることなんて、はなから目指していない。西洋の基準では考えられないことです。でもそれが、「渋さ」や「味」になるわけです。

カナダの有名なジャズ・ミュージシャンで、ロン・デイビスという人がいます。彼は日本が大好きで、トロント在住の日本人の和太鼓奏者と一緒に演奏したりもしています。

私は彼に、「よく和太鼓と一緒にジャズの演奏ができますね。無理じゃないですか?」と聞いたことがあります。すると彼は、「おっしゃる通り、無理です。お互いの考え方が根本的に違うから、ジャズにはなりません。皆、いいミュージシャンだから、ひとつの形にはなるけど、ジャズとは別ものですね」と言っていました。

難波と酒を酌《く》み交わすうちに、「渋い」というテイストが私にもだんだん理解できるようになってきました。これは経験したことのない新しい感覚でした。

当時はまだ片言の日本語しか喋れませんでしたが、私が何かを指さして「渋い」と言うと、周りの人は「この外国人は相当、日本のことをわかっているな」と勝手に誤解してくれました(笑)。

誰もがビールをおごってくれる魔法の言葉

来日してしばらくは英会話学校の講師として働いていましたが、やがて、縁あって川村学園女子大学で非常勤講師として働けることになりました。そのうちに、明治学院大学横浜キャンパスでも教壇に立つことになり、通勤に便利な横浜に引っ越すことにしたのです。

このときも家探しに苦労するだろうと予想していましたが、思いがけず、保証人なしで格安の物件を借りることができました。大家の山田さんという方が、テレビ番組で外国人の家探しが大変だと知り、優先的に外国人に貸してくれたのです。本当にありがたいことでした。山田さんご夫婦とは、その後、親しくお付き合いをすることになります。トロントの芸術祭で私がパフォーマンスしたときに、わざわざカナダまで観に来てくださったこともありました。

英語教師をライフワークにしようとはまったく考えていませんでしたが、仕事は楽しかった。教えるだけでなく、学生からたくさんの日本語を学びました。

あるとき、学生からカタカナで何かが書かれた紙をもらいました。

「グレッグ先生、これを最後まで全部早口で言えたら、きっと誰かが一杯おごってくれるよ」

そんなことを言われ、「何だそれは？」と思いながらも興味本位で覚えてみました。

「ジュゲムジュゲムゴコウノスリキレカイジャリスイギョノスイギョウマツウンライマツフウライマツクウネルトコロニスムトコロヤブラコウジノブラコウジパイポパイポパイポノシュウリンガンシュウリンガンノグウリンダイグウリンダイノポンポコピーノポンポコナーノチョウキュウメイノチョウスケ」

内容はまったくわかりません。ただ、これがどうやら人の名前らしいことは、なぜか理解していました。「日本でビールが飲める魔法の言葉」を全部覚えて、いざ飲み会で言ってみる。すると「グレッグ先生、すごいね！　一杯おごるよ！」と皆が本当におごってくれる。気を良くした私は、飲み会のたびにこのフレーズを披露するようになりました。

これが「寿限無《じゅげむ》」という有名な落語の一節だということは、このときはまだ知る由もありません。

第2章
落語との運命的な出会い

狸小路の居酒屋「はな家」

横浜での生活は居心地がよく、気づけば日本に来て四年が過ぎていました。

その間も、ミュージカルの脚本はずっと書き続けていました。英語教師の仕事である程度お金が貯《た》まると、カナダに帰国して芝居を上演したり、ワークショップをしたりといった活動を続けていましたが、劇作家として芽は出ないままです。

当時を振り返ると、まるで浪人のようなどっちつかずの生活だったと言えるかもしれません。

日本は好きで、ずっと住み続けていたいけれども、カナダで劇作家として成功する夢もまだ持ち続けている。どちらに転ぶか、自分自身でもわからない。私は、自分の人生の解決方法を探していたのです。

そのころ、毎日ふらっと散歩をしては、面白いお店がないかと探して歩くのが日々の楽しみでした。

横浜駅西口を出てすぐに、「狸小路《たぬきこうじ》」という飲み屋街があります。知らない人は気づかずに通り過ぎてしまいそうな細い小道に、昔ながらの居酒屋やラーメン屋が所狭しと並んでいます。賑《にぎ》やかな横浜の中で、ここだけがまるで時が止まっているような雰囲気を漂わせていました。

その一角に「はな家《や》」という居酒屋があります。「焼き鳥」と書かれた赤提灯《あかちょうちん》が明々と照り、いつも賑やかな声が外まで漏れていました。ガラス戸越しに中の様子をのぞくと、カウンターにはひしめき合うようにお客さんが座っていて、楽しそうに話している。お客さんはほとんどが常連さんのようでした。

狸小路を通るたびに、「はな家」に入りたいなあと思いながらも、どうしてもその一歩が踏み出せない。来る日も来る日も、そうやって中をのぞいてはやめ、のぞいてはやめ、を繰り返しました。

だいたい十回はそんなことを繰り返したでしょうか。ある日、いつも通りガラス戸から中をのぞくと、目の前に女将《おかみ》さんが立っていて、ガラガラガラッと、急に扉が開きました。

女将さんは私を見るなり、「店長！　がいじんさぁん！」と店中に響く声でそう叫びました。賑やかだった店内の談笑が止《や》みます。その瞬間、いろいろなことを考えました。普通に迎え入れてくれるのなら、「いらっしゃい」で始まるはずなのに、店長さんが呼ばれるということは、これはやはりノーセンキューと言われるのか。はたまた、これが噂《うわさ》に聞く、京都でよくあるという「一見《いちげん》さんお断り」の店なのか。

すぐに店長が奥の厨房《ちゅうぼう》から顔を出しました。てぬぐいを頭に巻いて、作務衣《さむえ》に身を包み、下駄をからんと鳴らす、粋《いき》な装いの店長です。店長は微笑《ほほえ》んで、「Hello. Please come in.（どうぞお入りください）」と完璧すぎるほどの綺麗《きれい》な発音で私に話しかけました。そして、パーフェクトな英語でこう続けます。「私の店には、いろいろな種類の焼き鳥がありますよ。きっとあなたも気に入るでしょう。どうぞカウンターへ。大歓迎です」

お客さんたちは、遠慮がちに中に入りスツールに腰かける私を、静かにじっと見つめていました。私がなんと返すのかを待っているようです。そこで私は日本語で言いました。

「ねぎま二本、かわ二本、つくね二本、それと生ビールを一杯お願いします」

それを聞いてお客さんたちはどっと笑いました。「なんだ、日本語ができるのか！」と安心したのでしょう。その日から、私は「はな家」に毎日のように通い詰めることになります。

店長のけんさんは、もともと貿易会社のサラリーマンで、退職して焼き鳥屋を始めたという経歴の持ち主。英語はもちろん、スペイン語もペラペラでした。けんさんとは、英語と日本語を混ぜながら会話をし、それが私の日本語の勉強にもなりました。

お座敷の落語会

「はな家」の常連になって一年ほど経《た》ったころ、けんさんがふと、「落語を聴きに来ない？」と誘ってくれました。

「はな家」では二ヶ月に一度、定休日の日曜日を利用して、二階のお座敷でけんさん主催の落語会が行われていたのです。私が歌舞伎や能といった伝統芸能に興味があることをけんさんは知っていたから、きっと落語も好きになると思ったのでしょう。店長がそう言うなら一度行ってみようと、二つ返事で参加することを決めました。

実はそのときまで、落語というものをまったく知りませんでした。私が日本の伝統芸能に興味を持っていたことからすれば、奇妙に思われるかもしれません。しかし、落語は歌舞伎や能と比べて、外国での知名度はずっと低いのです。日本に滞在している一般の外国人が落語に触れ合う機会はなかなかないでしょう。事実、私が日本に来てから落語と初めて接点を持つまでに、すでに五年の歳月が経っていました。

そして迎えた日曜日。「はな家」の二階に上がると、小さな畳の座敷に身体をすぼめて三十人ぐらいがぎっしり座り、足の踏み場もないほどでした。その落語会のチケットは五百円で、さらに千円追加すれば焼き鳥が食べ放題。しかもその日の落語家さんと一緒の打ち上げに参加できる。これで人気が出ないはずはありません。

いよいよ時間になり、落語家の登場です。凛《りん》とした雰囲気の着物をまとった男の人が、ビールケースの上に毛氈《もうせん》を敷いた手作り高座に腰をおろします。彼はすぐに語り出しました。

「ご来場いただきありがとうございます。厚く御礼を申し上げます。馬鹿馬鹿しいお話に皆様、どうかお付き合いいただけましたらと、こういうふうに思っております」

息をつく暇もないほど、流麗な口上でした。これには感心しました。

落語家が何か言うと、お客さんはどっと沸く。「そうか、これはコメディなんだ」と、そこで気づきました。落語は伝統芸能と聞いていたので、背筋が伸びるようなものを想像していましたが、まったく正反対。お客さんは皆、リラックスした気持ちで、笑いに身を任せているのが見て取れました。

そのときの「まくら」は、当時、ちょうどニュースでもよく扱われていた「キラキラネーム」のこと。親が子供に変わった名前をつけることが多くなり、その是非が問題になっているという話でした。

私の日本語力はまだ十分ではありませんでしたが、この話題のことは知っていたので、何を話しているのかはよくわかりました。

すると今度は急に、「おまえさん、おまえさん」と落語家が誰かに声をかけます。

次は首を振って、「なんだい、まったく、どうしたってんだい」と、こう話が進んでいく。まくらは終わり、本編が始まったのです。

本編はこんな話でした。ある父親が、子供にどんな名前をつけたらいいかとお坊さんに相談する。お坊さんは、「それなら、縁起のいい名前をつけたらいい」といろんな名前を提案してくれるが、父親は一つにしぼれず、結局、子供の名前は「ジュゲムジュゲムゴコウノスリキレ……」と、それはそれは長い名前になってしまった。

驚きました。私が遊びで覚えた「日本でビールが飲める魔法の言葉」は、実は落語から来ていたとは。なぜこんな長い名前になったのかという謎も解けました。この「寿限無」との出会いに私は運命的なものを感じ、この話がいっぺんで好きになりました。「寿限無」は学校の国語の教材にもなっていて、小学校などで言葉遊びのようにこぞって覚えるものだということは、後に知りました。日本語があまりできない外国人が「寿限無」をすらすら早口で言えたら、それは確かに面白いはずです。

私と縁のある「寿限無」を、その日の落語の一席目で聴くことができたのは、後から思えば幸運でした。

というのも、「寿限無」は前座噺《ばなし》としてあまりに有名なため、実際に披露されることは比較的少ない作品だからです。特に、この落語会に来るお客さんは、ローカルな落語会にもよく足を運んでいるような通《つう》の人ばかり。そんな中で、よく「寿限無」をやったな、と今なら思いますね。

でも、お客さんは楽しそうに笑っていました。それだけ、その落語家さんの腕がよかったんだと思います。

私が生で初めて見たこの落語家さんが誰だったのか、後に調べてみたことがあります。そのときには、彼は落語家を辞めていました。残念です。もし落語を続けていたら、自分の人生を変えてくれた人と一緒に、二人会をしてみたかったですね。

落語は小道具を隠さない

「はな家」の落語会は、二人で四席を披露します。

噺に魅了された次は、落語ならではの、お決まりの動きに目が行きました。扇子とてぬぐいの使い方です。

ご存じのように、扇子とてぬぐいは、落語では小道具としても使われます。私がすごいと思ったのは、扇子の存在を堂々と客に見せて、まったく隠さないことでした。たとえば、扇子の柄で床を打つことで、木戸を叩《たた》く音を表現するとき。西洋演劇の考え方では、こういう場合は扇子を客に見せず、どこかに隠したほうがよい。情景を想像させるために、小道具の存在は邪魔だからです。

ところが落語では、扇子を客に堂々と見せてしまいます。でも、そのせいでリアリティが失われることはないのです。目の前にはただの扇子が見えているのに、観客の頭の中にはちゃんと木戸が見えて、扇子は消えて無くなっている。落語家の演技ひとつで、目の前にあるものが無くなり、無いものが現れる。まるで魔法のような感覚でした。


四席目を聴き終わるころには、落語の構造もわかってきました。

まくら、本題、そしてオチ。この三つが合わさって、ひとつのパフォーマンスになっているのですね。

まくらには、本題をより堪能できるような説明がさりげなく織り込まれています。このことにも感心しました。作品そのものの説明を、パフォーマンスの中に組み込んでしまう。説明をも楽しんでもらおうというシステムは、私にとって、画期的な発明に思えました。

点がつながり、線となる

私はずっと何かを探していました。日本に来てから、すでに五年。劇作家として作品は作り続けていたけれど、日本で上演されることはなく、ただ何かに流されているだけの人生だった。

だから落語に出会って直感的に、「これだ、これを探してたんだ」とすぐに思えたのだと思います。そういう勘は信じています。

落語に出会って、やはり自分は舞台上で表現がしたいんだと気づかされました。高校のころは演じることが好きだったのに、大学へ行き、自分より才能のある人をたくさん見たことで、演出をする側に回った。

でも落語に触れて、「両方、一緒にできるんだ」とわかりました。古典作品を演じ、まくらを創作し、それを演出するところまで、全部一緒にできるんだと。そうと知ったら、もう一度舞台に立ちたいという気持ちが膨らみ、いてもたってもいられなくなりました。

ずっと大人数のミュージカルを作ってきたので、たった一枚の座布団さえあればいいという、落語のシンプルさも魅力的でした。落語なら、この身ひとつで、どんな世界でも表現できる。それは思ってもみなかったような発見でした。

私の人生でやってきたことが、すべてひとつにつながった奇跡のような芸。それが落語だったのです。

初めて落語に出会ってから二ヶ月後、同じ「はな家」のお座敷で開かれた次の落語会。その客席には、その間、あちこちの落語会に通い倒して、どっぷり落語好きになった私が座っていました。

アコーディオン漫談家の誕生

何度目かの落語会の後、「落語家になりたい」という私の気持ちを、けんさんに素直に告げました。返ってきたのは、

「それは難しいね」

という否定的な言葉です。

それまで外国人で正式に落語家になったのは、明治・大正時代に活躍した初代快楽亭ブラックだけ。彼はオーストラリア生まれのイギリス人で、史上初の外国人落語家です。しかしその後、彼に続く人物は現れていませんでした。

けんさんは落語を愛していて、自ら落語会を主催するほどでしたから、落語界のこともよく知っていました。師弟関係の厳しさや、外国人が入門したときの文化的な軋《あつ》轢《れき》。いろいろなことを考えて、「難しい」と言ったのでしょう。当然の反応だったと思います。

けんさんは、私に助け舟も出してくれました。

「落語会に出る方法ならあるよ」

彼が勧めてくれたのは、「アコーディオン漫談で落語会に出る」という方法です。

アコーディオンは、私の両親の出身地スロベニアではおなじみの楽器です。小さなころから慣れ親しんだアコーディオンを、日本に来てからも、私は趣味として弾き続けていました。なにげなく話したそのことを、けんさんはしっかり覚えてくれていたのです。

「何か面白い曲を作れば、パフォーマーとして落語会に出してあげる」

私はわらにもすがる思いで、それに挑戦しました。

とは言っても、もちろん持ちネタなんて一切ありません。ただ、曲を作ることはできましたし、面白いことを考えるのも得意でした。

そのときに作ったネタは、スロベニアの古い民謡をまず原曲のまま歌う。次にそれを日本語訳して、歌詞の種明かしをするというものでした。何か小難しいことを言っているのかと思いきや、実は「私たちは好き同士」としか言っていない……というたわいもないネタです。今でもときどきお客さんに披露することがあります。

そんなふうにして私は、「グレッグ・ロービック」という本名を名乗り、アコーディオン漫談で落語会に参加させてもらえるようになりました。

楽屋は未知なる世界

けんさんは、落語会を企画するプロデューサーという顔も持っていて、「はな家」だけでなく、横浜のいろいろな場所で落語会を主催していました。

私の初舞台は弘明寺《ぐみょうじ》というお寺での落語会。

アコーディオンを抱え、初めて入った楽屋には、その日の出演者である落語家たちの姿がありました。彼らは何やら深々と頭を下げながら挨拶をしている。よく聞くと、名前の前に、「誰々の何番目の弟子の」という口上を添えて名乗り合っています。まるでサムライが生きた時代がここに蘇《よみがえ》っているようだと、ひそかに興奮しました。「楽屋」という舞台裏には、私が今まで見たことのない世界が広がっていたのです。

別の落語会に参加したときのこと。舞台に上がる前に、若手の落語家が楽屋に顔を出し、「お先に勉強させていただきます」と言って頭を下げました。そして、楽屋にいるお兄さんたちは「よろしくな！」と返す。

そのやりとりの格好よさ。そして、「お客様から勉強させていただく」という志。同じ舞台人として、素晴らしい姿勢だと感銘を受けました。

落語家は、どんなときでも低姿勢です。舞台に出たらまずお辞儀をする。「私の顔と名前だけでも覚えて帰ってくださったら、それだけで嬉しいです」なんてことを言ったりもする。

そして楽屋では、師匠方や先輩方に対して敬意を示す。若ければ若いほど、楽屋中に伝わる大きな声で「おはようございます！」と挨拶をする。返事のあるなしは関係ありません。

楽屋という世界を知ると、落語家のことが少しだけ理解できるようになります。この世界では、礼儀が何より重要なのだと。そして、お客さんに対する誠意と、師匠に表す敬意は切っても切れないものだということが、感覚的にわかってきました。

どうしたら落語家になれるのか？

アコーディオン漫談家として落語会に出演するようになり、落語家の知人がたくさんできました。皆、私のことを可愛がってくれましたが、楽屋で礼儀作法を事細かに教えてくれたり、間違いを叱ってくれる人はいませんでした。

なぜかと言えば、そのときの私はいわば〝ゲスト〟だったからです。

落語の世界は、内と外の線引きがはっきりとしています。私は落語界の外にいる人間で、しかも外国人でした。だから芸歴の長いお兄さん方も、駆け出しのパフォーマーである私に気を遣ってくださり、私の礼儀作法が間違っていても見逃してくれていたのです。

そんな状況が続き、私は次第に「このままではいけない」と焦りを覚え始めました。

落語は、ただ話を覚えるだけの芸ではない。これはエンターテインメントである以前にひとつの日本の文化だから、会得するには、私生活の根本から変えていかなければいけない。そのために修業があるのだ。だから、落語家になるにはどうしても、一門に入る必要がある――ますます、そう強く感じていました。

その当時、私を可愛がってくださった落語家の一人が、三遊亭好二郎（現・三遊亭兼好）師匠です。

好二郎師匠は普段からおしゃれな着物をまとい、粋でいなせな江戸落語家を体現するような方でした。あまりに素敵なので、私も真似をして普段着を着物に変えたくらいです。私にとって憧れの落語家でした。

あるとき私は、好二郎師匠にも「落語家になりたい」という夢を語りました。好二郎師匠の答えは、「落語家にはならないほうがいいよ」。けんさんの言ったこととまったく同じでした。

ほかの落語家さんも、誰一人「弟子入りすればいい」と薦めてはくれません。どうして皆が口を揃《そろ》えてそう言うのか、そのときの私はわかりませんでした。でも私は、諦めたくなかった。どうにかして落語家になるぞ、と心に決めていました。

とはいえ、自分の日本語力や落語の知識は、まだ十分ではないことも自覚していました。だから、まずは勉強が必要でした。

当時、大阪芸術大学にいらっしゃった相羽秋夫《あいばあきお》先生は、漫才と大衆演芸、そして落語研究の第一人者でした。相羽先生のもとで大学院生として落語研究ができないか。私はそう考え始めました。

学生になるならば、大学の非常勤講師の仕事を辞めなくてはいけません。そうなると収入はなくなってしまいます。しかし日本には文部科学省が制定した奨学金制度があり、試験や面接などである一定の基準をクリアすることができれば、外国人でも奨学金をもらって日本の大学で学ぶことができました。この制度は本当にありがたかった。こうしてようやく、落語を学ぶ環境に身を置くことができたというわけです。

二〇〇七年四月、私は横浜から大阪へ転居しました。このときから、これまでが嘘《うそ》のように、いろいろなことが追い風に転じていったのです。

第3章

弟子入り

上方落語の不思議な魅力

大阪へ引っ越して、楽しみにしていたのはもちろん、上方《かみがた》落語を聴くことでした。落語に江戸落語と上方落語があることは、知識としてはわかっていましたが、実際に生で目にすると、その違いは想像以上でした。

まずは大阪弁の持つ軽快なリズムや、賑《にぎ》やかさに圧倒されました。落語家の声は大きく、動作のひとつひとつがオーバーアクションで、愛嬌《あいきょう》があります。江戸落語が、余計なものをそぎ落とした「研ぎ澄まされた芸」だとすれば、上方落語は「サービス精神にあふれた芸」と言えるでしょう。

たとえば、まくらから本題への切り替わり方ひとつとっても、江戸落語と上方落語では違いがあります。江戸落語では、本題に入った瞬間をなるべく気づかせず、まくらからスムーズに切り替えることが、落語家の腕の見せどころ。対して上方落語では、「小拍子《こびょうし》」といわれる小さな拍子木を使ったり、「こんにちは」と扉を叩《たた》いたりする定番の始まり方がある。切り替わりを隠そうとはしません。

こうしたスタイルの違いには、それぞれの落語の成り立ちが影響しています。江戸落語は、お座敷芸能として発展しました。室内で演じられることが多かったため、声を張り上げるのではなく、落ち着いて聴かせるスタイルになったと言われています。

それに対して上方落語はもともと、お寺や神社の境内などの人通りの多い屋外に、簡単な小屋を作って演じられていました。上方落語には、いくつかの特別な小道具があります。見台《けんだい》、膝隠《ひざかく》し、そして小拍子。これらはすべて、騒がしい場所でこそ活躍する道具です。昔の落語家は、小拍子で見台を叩いて大きな音を出すことで注意を惹《ひ》き、何とかして人の足を止めさせようとしました。せっかく集まってきた客も、屋外となれば、面白くなかったら簡単に離れていく。軽快なリズムでテンポよく笑いを取るのも、お客さんの心をしっかり摑《つか》むための工夫です。

江戸落語と上方落語の違いは、チラシのつくりにも見て取れます。

伝統的に、江戸落語ではその日の演目をチラシに載せません。それはなぜか。もともと江戸落語には、当時の支配者である武士を皮肉る演目がたくさんありました。もしお客さんの中にお侍さんがいたら、大変なことになります。そこで、江戸の落語家はまくらを喋りながら、さりげなく客席を見回し、侍がいるかどうかで、その日の演目を変えたそうです。未だに演目をチラシに載せないのには、そういった背景があるからだと言われています。

それとは対照的に、上方落語ではその日の演目を大々的に宣伝します。たとえ落語家の名前を知らなくとも、演目が好きで足を止める人がいるかもしれない。あの手この手で、お客さんの興味を惹こうとするのが上方落語です。

大阪の粋な運転手さん

大阪で暮らしていると、人々の言動に、上方落語の精神と共通するものを感じることがしばしばありました。

私は柄物のステテコパンツをよく穿《は》くのですが、あるとき、真夏なのにたまたまクリスマスの柄のステテコを穿いていたことがありました。電車に乗り遅れそうになって走ったとき、着物の前がはだけて、ステテコが見えてしまった。これが東京だったら、ステテコがたまたま見えても、見て見ぬふりをするのが普通でしょう。しかし大阪では違いました。それを見た駅員のおじさんは、遠くからこう叫んだんです。

「おおい、君。そのパンツは季節ちゃうわ」

いかにも大阪人らしいひとことだと思います。

こんなこともありました。大阪阿倍野橋《あべの》から、東京行の夜行バスに乗ろうとしたときのことです。私は時間に間に合わずに、予約したバスに乗り遅れてしまった。途方に暮れていると、同じバス停に停まっていた福岡行の夜行バスの運転手さんが、

「あんた、これ乗りや。前のバスを追いかけるわ」

と親切にも言ってくれたのです。

東京行と福岡行のバスはどちらも、阿倍野橋を出発した後、難波《なんば》に途中停車します。そこで先に出発した東京行をつかまえようというのです。バスはものすごいスピードで突っ走り、連絡を受けて待ち構えていた東京行のバスのすぐ隣に横づけしてくれました。私は運転手さんに感謝の気持ちを伝えて、急いでバスを乗り換えました。

もともと乗る予定だったバスの運転手さんに、私は平謝りしました。そのとき、彼はこう言ったのです。

「兄ちゃん、ごめんね。ちょっと先、行ってしもて」

時間に遅れたのは私のほうで、バスが定刻より先に発車したわけではありません。これは、その運転手さんなりの「ぼけ」です。私は彼の優しさに感激しつつ、そのユーモアのセンスにも心の中で拍手を送りました。

大阪で暮らしていると、こうした「ぼけ」にしばしば遭遇します。どうやら大阪には、自分の賢さをひけらかす人よりも、わざと阿呆《あほ》なことを言って場を和ませる人が尊ばれる文化があるようです。おそらく、人間関係を円滑に動かすために、昔から受け継がれてきた知恵なのでしょう。

私は、これもひとつの「粋《いき》」だと思っています。粋といえば江戸のものだと思われがちですが、大阪の「ぼけ」も、立派な粋の文化ではないでしょうか。

このバスの運転手さんのような粋な大阪人に出会うと、上方落語の世界とどこか通じるものを感じて、嬉しくなってしまいます。

なにわのサービス精神

大阪は「商いの街」と言われますが、引っ越してしばらくは、「どこが商いの街なんだ。いい加減なサービスばっかりじゃないか」と思っていました。

たとえば、新大阪駅でタクシーをつかまえるとき。トランクに運転手さんの個人的な荷物がいっぱい入っていて、私のスーツケースが入らない。

「えらいすんませんね」

と運転手さんは言うけれど、いや、新大阪駅に来たら荷物の多い客がいることくらい、ちょっと考えればわかるでしょう（笑）。大阪以外の場所で、こういうタクシーに遭遇したことはありません。

あるいは、梅田の地下通路のわかりにくさ。ＪＲから地下鉄御堂筋《みどうすじ》線に乗り換えるのに、どこへ行けばいいのかさっぱりわかりません。東京の新宿駅もややこしさでは負けていないけれど、案内表示板がたくさんあるので、道に迷うことはありませんでした。梅田はいったい、どうしてこんなに案内表示板が少ないのか。

大阪に住んで数ヶ月経ったころ、天王寺駅で道案内のボランティアをしている学生が、私に話しかけてきました。

「何かお困りのことはありませんか」

「いえ、ここに住んでいるので大丈夫です。ありがとう」

「なんでも質問してください。お答えしますよ」

それならば、と私はちょっと意地悪な質問をしました。

「梅田の地下通路は、なんであんなにわかりにくいの」

「ああ、勉強不足で申し訳ありません。今すぐにはお答えできませんが、持ち帰って調べさせていただいて、今度お会いしたときにはお答えできるようにいたします」

今度と言ったって、あなたとはもう会う機会もないでしょう、と思いましたが、その場はそのまま別れました。

そうしたら一週間後、何とその人は、別の駅で同じようにボランティアに立っていて、通りかかった私を呼び止めてくれたんです。

「私のこと、覚えてますか」

「覚えてる。よく見つけたね」

「あのときのご質問、調べさせていただきました」

「本当に調べたの。すごいね」

「大阪には鉄道会社がいっぱいありまして、ここだけの話ですが、あまり仲が良くないのです。だから案内表示がばらばらで、統一されていないのです。まだ今も、もめていらっしゃるようです。ご迷惑をおかけして申し訳ありません」

へえ、そうなんだ、と私は納得しました。

「大阪に来て、初めて大阪の人のサービス精神を感じました。ありがとう」と言うと、その人は、

「いえ、私は福岡の出身です」

いや、なんでやねん（笑）。

これは私が体験したちょっとした笑い話ですが、それはさておき、大阪では万事がおおざっぱで、東京に比べて「ゆるい」と感じます。東京ではどこへ行ってもきっちりとしたサービスが受けられますが、大阪はしばしばいい加減です。

でもそのぶん、何かと融通が利いたり、細かいことを気にしないで済んだり、というおおらかさがあります。そんな大阪の魅力に、私はだんだん惹かれていきました。

相羽秋夫先生の教え

大阪芸術大学大学院で指導を受けることになった相羽秋夫先生は、「落語家になりたい」という私の夢を理解し、応援してくださいました。

「外国人は落語家になれないなんて、落語界にそんなルールはないよ。本当に落語家になりたいなら、やってみたらいい」と力強く言ってくださったのです。言葉にならないほど勇気づけられました。

相羽先生は、私が少しでも多くの落語を聴いて勉強できるようにと落語会のチケットを譲ってくださり、落語の成り立ちや歴史だけでなく、落語家になる上での心構えを教えてくださいました。先生には、いくら感謝してもしきれません。

私は、毎日のようにあちこちの落語会へと足を運びました。週一回の相羽先生との対面の授業は、その間に聴いた落語について相羽先生に報告する時間となっていました。

　私の話に対し、相羽先生はそれぞれの師匠方の得意分野や、面白いエピソード、落語界の事情など、さまざまなことを解説してくれました。たとえば、古典落語を勉強したいならどの師匠がいいか、といったこともアドバイスを受けました。

　相羽先生は、私が外国人だからといって手加減することはありませんでした。

　たとえば、弟子に厳しいと言われている師匠についても、「この先生は厳しいから、外国人には難しいんじゃないか」というようなことは、一切言いません。逆に、

「落語において厳しさは大切なこと。ゆるいのは褒められたことではない。厳しい師匠のところに行くのは、むしろいいことだよ」

　と後押ししてくださいました。


　落語家の師弟関係について事細かに教えてくれたのも、相羽先生です。

「落語家になることは、生まれ変わること」

　相羽先生はよくそうおっしゃっていました。

それは、落語家は常に周りの人々に腰低くあらねばならないということです。自分より年齢が上だから、キャリアが長いからという理由だけでなく、落語家は世界中の人に頭を下げなければいけない。

それは師匠方でも同じです。師匠がお客さんに対し自らを低くしているならば、弟子も同じようにするのは当たり前のことで、もしできなければすべての恥は師匠がかぶることになる。それが師弟関係というものだからです。

日本人にとって、この考え方は当たり前のように納得できるかもしれません。落語の世界ほど極端ではないにせよ、日本の社会は事実、そうした考え方で成り立っているところがあると思いますから。

しかし、私はその「当たり前」がわかっていなかった。欧米の価値観では、恥をかいたとしても、それはあくまで自分だけの恥。「師匠が弟子の恥をかぶる」という発想はありません。

相羽先生は、「本当に落語家になりたいなら、今までの自分を捨てて、生まれ変わらなければだめですよ」と教えてくださいました。相羽先生のこの指導を受けずに落語の世界に入っていたら、相当なカルチャーショックを受けていたことでしょう。

大阪へ来てしばらく経ったころ、突然、東京の三遊亭好二郎師匠から電話がありました。

好二郎師匠は、私が落語を勉強するため大阪に移住したと知り、わざわざ連絡をくれたのです。そして、なぜ私に「落語家にならないほうがいい」と言ったのか、その理由を話してくれました。

落語家になるために必要不可欠なのは修業。それは簡単な道ではありません。ときに、そのあまりの辛《つら》さに落語家の夢を諦めてしまう人もいます。私がもし修業の辛さのために、大好きな落語を嫌いになるようなことがあったら、こんなにもったいないことはないと、好二郎師匠は思っていたそうです。

しかし私が落語のために大学の講師を辞めたと知り、「これはただの趣味ではない、本気だ」と感じてくれたのでしょう。好二郎師匠は落語家仲間に質問して回り、わかったことを私に教えてくれました。それは、師匠が弟子として認めて修業をまっとうしたら、外国人だろうが、誰であろうが落語家になれるということです。

「本当になりたいなら、落語家になれますよ」

好二郎師匠はそう言ってくれました。私は彼の厚意と友情に深く感謝しました。彼は今でも私の憧れであり、大切な友人の一人です。

弟子入りに「第二希望」はない

落語家を目指す者にとって、「どの師匠に弟子入りをするか」は、人生を左右する重大事です。

いったん弟子入りした後は、師匠の言うことが絶対ですから、自分で決められることはほとんど何もありません。修業を終えて一人前になった後も、師匠と弟子の関係は一生続きます。気が変わったからやっぱり違う一門に入り直す、などということはありえない。

そんな落語家人生の中で、ほとんど唯一、自分自身で主体的に決められるのが、弟子入りの決断です。言い換えれば、落語家にとって最も大きな決断は、落語家人生の最初にやってくるのです。

相羽先生は、弟子入りについてとても怖い話をしてくれました。

「弟子入りは一生の契約です。もし断られたとしても、別の師匠のところに行くという選択肢《せんたくし》はありません。弟子入りを拒否されたら、そのときは落語家になれないと思ってください」

つまり、弟子入りを志願できるのはたった一人の師匠に対してだけ。この師匠がだめだったから次は第二希望のあの師匠に行く、ということはできないのです。厳密に言えば、事と次第によってはありえないことではないが、「まず無理だと考えたほうがいい」と相羽先生に指導されました。

これは、当時の私には理解できないシステムでした。ある人との交渉事がうまくいかなかったら、別の人のところに行くのは、きわめて普通の話です。なぜ、そんな当たり前のこともできないのか。理不尽だと思いました。

今ならその理由もわかります。

ある師匠に弟子入りを断られて、別の師匠に弟子入りを許可されたとします。落語界は狭い世界ですから、やがて師匠はそのことを知るでしょう。そのときにどう思うか。「なんや、おれは二番目やったんか」とがっかりするに違いありません。何より大切にしなければいけない師匠に対して、とんでもなく失礼な行為を働いてしまうわけです。

また、一度断られたからといって、すぐに諦めるのは最初の師匠に対して失礼です。弟子入りしたいと言っても、その程度の気持ちだったのか、と思われてしまう。何度断られようとも諦めず、真冬でも土下座してお願いする——それぐらいの心構えでなければ、そもそも弟子入りを考えるべきではありません。

つまり、「弟子入りを志願できるのは一人の師匠だけ」というルールも、日本流の気遣いや、礼儀を大切にする気持ちから生まれたもので、そこにはちゃんと意味があるのです。

しかし私はそのとき、すでに三十七歳。未だに落語家としてスタートラインにも立っていないという焦りがありました。もし弟子入りを断られたら、落語家になる道は一生断たれてしまう。そんな不安も頭をもたげていました。

人生の師と出会う

あるとき、知り合いの落語家に「三枝師匠の落語を聴いたことがあるか」と聞かれました。そのときの私は、まだ桂三枝師匠の公演に行ったことがありませんでした。三枝師匠が上方落語協会会長であり、テレビで活躍する大スターであるということは知識として知っていましたが、テレビを持っていなかったから、国民的人気番組である『新婚さんいらっしゃい！』も観ていませんでした。

三枝師匠について、その落語家はたくさんの話をしてくれました。「創作落語の名人」と呼ばれ、その作品は数多くの落語家さんに演じられていること。関西における六十年ぶりの寄席、「天満天神繁昌亭」の設立に尽力した一人で、いつも新しいことに挑戦し続けるパイオニアだということ。

次々新しいことに挑戦される三枝師匠なら、外国人が落語家になるという私の夢も面白がってくれるかもしれない——今思えば、その落語家さんはそんなふうに考えて、私に師匠の落語を勧めてくれたのかもしれません。

三枝師匠の独演会が運良く一週間後にあることがわかり、私は早速行ってみることにしました。

会場は、話に聞く天満天神繁昌亭（以下、「繁昌亭」）でした。会場に入ると、約二百席の座席は満席。年配の方から若い女性まで、今までに観たどの落語会よりも、幅広い客層のお客さんが集まっていました。

定刻になり、出囃子《でばやし》が鳴ると、そこに三枝師匠がゆっくりと笑顔で姿を現しました。それまで、三枝師匠を写真で見たことも、声を聞いたこともありません。そんな私でもすぐにスターが登場したとわかるほど、師匠にはオーラがありました。

会場のお客さんから歓声があがり、万雷の拍手で出迎えられます。師匠はそれを身体中に浴びながら、舞台中央へと歩いていきました。師匠の歩き方はごく自然で、気負ったところはどこにもありません。一見して、並大抵ではない落語家だとわかりました。

政治の世界でもビジネスの世界でも、二流の人ほど自分の実力を盛んにアピールします。しかし、真の実力者なら、力を誇示する必要はない。そんなことをしなくても、誰もがその人の実力を知っているからです。師匠がまさにそれでした。

拍手は、師匠が座布団に座った後も、しばらく止《や》むことはありませんでした。まだ一言も発していないのに、この熱気。ものすごいものを目撃している、とそのとき思ったほどです。

拍手が鳴り止むのを待って、師匠はゆっくりとした口調で語り出しました。

そうして始まった師匠の落語は、これまで私が好きだった、早口でエネルギッシュな若手の落語家たちとはまるで違いました。舞台上の師匠はリラックスし、力を抜いているようにさえ見えました。しかし、笑いの量は、若手の落語家たちよりも何倍も多かったのです。

早口でエネルギッシュな落語は、ノリの良さと同時に「一所懸命頑張っている」という印象をお客さんに与えます。師匠の落語は、そうではなかった。肩の力を抜いて、まるでお客さんとのお喋りを楽しんでいるかのようです。そこには、気負いはまったく感じられません。

「さあ、皆さん、一緒に話をしましょうか」とでもいうような、優しく穏やかな雰囲気がそこにはありました。

海外でも通じる普遍的な笑い

この独演会で師匠が披露したのは、「手紙」「お忘れ物承り所」「おお！　マクラはしゃべり」の三作でした。どれも師匠の創作落語です。

当時の私の日本語力では、古典落語はまだ難しく、内容についていくだけでも必死になることがしばしばありました。

しかし、師匠の創作落語は違いました。誰にでもわかる日常会話で、内容も日本だということを感じさせない、普遍的な笑いがそこにあったのです。私はその日、師匠の噺《はなし》に深く惹き込まれ、涙が出るほど笑いました。

しかも、そのときの私は、自分が日本にいることや、日本語で話を聞いていることも忘れ、ひとりのカナダ人、グレッグ・ロービックとして笑っていました。直感的に、この噺を英語に訳してカナダで上演したら、必ず観客に受け入れられるだろうと確信しました。後に私は、師匠の創作落語を海外で演じることになりますが、早くもこのときに、その気持ちの芽生えはあったのです。

面白い作品を観たときに、私がいつも思うことがあります。それは、「なぜこれを自分が思いつかなかったのか」という悔しさです。それが天才的な面白さであればあるほど、それを自分で思いつきたかったと、残念な気持ちになります。

師匠の創作落語はまさにそれでした。作品の核となるアイディアは、どれも普遍的なもの。しかしそれに気づき、ひとつの作品に昇華させるのは並大抵ではありません。「この人は天才だ！」と私は震えるほど感動しました。

三席とも大盛り上がりのうちに独演会が終わり、私は満ち足りた心地で外に出ました。するとそこでは師匠がお弟子さんを引き連れて、お客さんのお見送りをしているのです。

お見送りといっても、通り一遍のものではありません。師匠は、お客さん一人一人と一緒に写真を撮り、サインにも気軽に応じていました。

「テレビで活躍する大スターが、ここまでするのか」と、そこでも私は驚きました。もちろん、ファンを大切にする師匠とはいえども、千五百人規模の大劇場でここまで丁寧なお見送りはできません。席数が約二百人の繁昌亭だからこそできるサービスでした。


私も順番待ちの列に並びました。そろそろ自分の番になり、師匠に話しかけようと思った瞬間、思いがけず、師匠のほうから声をかけてくれました。

「ベリーベリー、派手な着物やなあ」

その言葉通り、私はまぶしいほどの水色の着物を着ていました。当時、外出するときは着物を着ることをポリシーにしていましたが、センスがまったくないものですから、その日も、「渋さ」や「粋」とはほど遠い、ド派手な着物を着ていたのです。

師匠から話しかけてくれたことに緊張しながらも、なんとか「とても面白かったです」と伝えると、「サンキュー、サンキュー」と返してくれました。

これはパーフェクトな出会いでした。師匠の芸を堪能して、師匠のサービス精神やファンへの愛情、そして師匠の腰の低さや丁寧さ……トップスターと言われる落語家の素晴らしさを十二分に感じることができたのですから。

師匠の周りで手伝うお弟子さんたちも、本当に格好よかった。写真撮影やサインを円滑に進めるために、それぞれが自分の役割を考え、無駄のない動きをしていました。そのときに思いました。「弟子が格好いいと、師匠はますます格好よく見えるんだ」と。この世界に自分も身を置きたいという思いは、ますます高まりました。

あの日のことは生涯忘れられないでしょう。

「私はこの人の弟子になる」

その日、私は決めました。「この人の弟子になる」と。人生の師匠と出会ったのです。不思議なほど、迷いはまったくありません。それまで、あの師匠が好き、この師匠も好きと揺れ動いていた心の迷いは、この日、完全に消えました。

もし私が落語家になるつもりがなく、偶然あの日、繁昌亭で師匠と出会って、しかもそれが人生初の落語だったとしても、きっと気持ちは変わらなかったでしょう。「この人は私の師匠だ」と、同じように感じたはずです。初恋ですから。

この文章を師匠が読んだら、気持ち悪いと思うかもしれません。しかし、本当に「この師匠のそばにいられるなら、私はそれだけで幸せだ」と思ったのです。師匠との出会いは、それくらい私にとって大きなできごとでした。

翌日、相羽先生に報告しに行きました。

「桂三枝師匠に弟子入りをしようと思います」、そうはっきり告げました。

先生は、まさか三枝師匠のような大御所に私が弟子入りを希望するとは思っていなかったようで、驚いたようすでした。でも一言、「よい方に出会ったね」と言ってくださいました。先生が私の決断を褒めてくださったことは、とても嬉しかった。

さらに先生は、「何度も師匠の落語を聴きに行き、心の確認をしなさい」とも言ってくれました。「一生の選択だから、焦る必要はないよ」と。

先生のおっしゃる通り、中途半端な気持ちで弟子入りしては、師匠にも迷惑がかかります。落語家として生きるこの先の人生が、今の決断にかかっている。だからこそ、焦らずに気持ちを確かめなければいけないと、自分自身に言い聞かせました。

けれど、時間が経っても、私の心に迷いはまったくありませんでした。

師匠と出会ったのは、二〇〇七年秋のこと。その後も師匠の大阪での公演をすべて観に行き、いつしか年が明けて、二月になっていました。

私はその間、弟子入りを申し出るタイミングを探し続けていました。終演後の師匠は、とても忙しい。一対一で話す時間を作るのは、簡単なことではありません。毎回、多くのファンの方が師匠とお話しをします。私もそのたくさんの中の一人ですから、話ができるのはせいぜい十秒くらい。

一度、意を決して、その十秒で師匠に弟子入りを申し出ようとしたこともありましたが、そのときはほかのお客さんにさえぎられ、うまくいきませんでした。

知り合いの落語家さんが、師匠と話せるように取り次いでくれるという話もありました。しかし、公演後の疲れているときに、わざわざ私のために時間を割いていただくというのも申し訳ないことです。結局、いつ、どのタイミングで弟子入りを伝えればいいのか、悩み続けました。

もう回りくどいことはやめよう。私の知っている伝統的な弟子入りの方法で、単刀直入にお願いすればいい。ついに、そう決心しました。

雨の中の土下座

忘れもしない、雨が降りしきる二月の寒い日のことです。この日は繁昌亭で独演会が開かれるので、楽屋口で待っていれば、いつか師匠が現れるはずでした。

私は緊張しながら、楽屋口でそのときを待ち続けていました。

一時間ほど経ったころ、お弟子さんたちが師匠をお迎えするため、楽屋口の前に並び始めました。お兄さん方は、私のことを、よく師匠の落語会に来るド派手な着物の外国人として知ってくれていたので、「おっ！」「こんにちは」などと、優しく挨拶してくれました。私は、未来の兄弟子がこの優しいお兄さん方だったらいいなあ、と思いながら、師匠の到着をじっと待ちます。

後に弟子入りがかなってから、兄弟子にこのときの話をよく聞かされました。お兄さん方は、この日、私の姿を見て、「もしかして、弟子入りではないか」と察し、「あのド派手な着物の外国人が、弟子入り？　まさか⁉」と、皆でそわそわしていたそうです。

楽屋口の前に、一台の車が止まりました。

すかさず、弟子たちが、持っていた傘をバッと差し、一斉に大きな声で「おはようございます！」と挨拶します。そして師匠はその挨拶に応《こた》える。その瞬間の凛《りん》とした空気。まるで侍のような格好よさでした。

私の姿を見た師匠は、「おお、ミスター・グレッグ！」と声をかけてくれました。このころには、私の名前を覚えてくれていたのです。

私は迷いなく雨の中、土下座をしました。そして大声で叫びました。

「師匠！　弟子にしてください！」

師匠は一言、「とりあえず中に入るように」と言ってくれました。

楽屋口を抜けると、師匠の姿はすぐに見えなくなって、お兄さん方が私を楽屋へと案内してくれました。

そのときの私の日本語力は、今を百とするなら、二十五くらい。敬語はうまく使えなかったので、失礼がないか心配しながら、お兄さん方と話をしました。

一人のお兄さんが、「厳しいことを言うようやけど」と前置きをして、こんな話をしてくれました。

もしあなたが本当に落語家になりたいなら、常に周りを見て、動かなければいけない。あなたの着物は、さっき雨の中で土下座したせいで、膝から下が汚れてしまった。それで膝をついたら綺麗《きれい》な楽屋が汚れてしまう。もしかしたら、そのせいで他の誰かの着物を汚してしまうことがあるかもしれない。それが師匠方の着物だったら……。弟子になるなら、そこまで考えて行動しなければいけないと、お兄さんは優しく私を諭してくれたのです。

私は恥ずかしかった。自分がどれほど周りのことを考えていなかったのか、時と場所をわきまえていなかったのか、そのときにひしと感じました。

それまで、土下座が弟子入りの正しい作法だと信じ込んでいました。「日本の文化をちゃんと理解していますよ」とアピールしたい気持ちも、どこかにあったのかもしれません。でもそれは大きな間違いでした。

すると、横で聞いていた別のお兄さんが、こう言いました。

「確かに今の説明は正しいけどな、まあ、師匠の着物はそうやけど、こいつの着物は安いポリエステルやから、汚しても謝らんでええと思うで」

すぐに場の空気が和らいで、私を諭してくれたお兄さんも、周りのお兄さん方も、どっと笑いました。そうか、これが一門というものなんだと、温かい気持ちになれたのです。厳しい教えもあれば、フォローもある。まるで本物の兄弟のようでした。

息をのむような着付け

寄席の楽屋は、たいてい大部屋がひとつだけ。弟子入りしたばかりの新人も、数十年のキャリアを持つ師匠方も、同じ楽屋を使います。そこで雑談することもあれば、次の落語会の出演をオファーすることもあります。そうして、落語の息吹のようなものを次代へと伝えていくのです。

繁昌亭も、ひとつの大きな楽屋を皆で共有していました。

初めて楽屋に招き入れられたとき、師匠はいったん席を外されていましたが、やがて戻ってこられました。楽屋の隅から恐る恐る師匠のようすをうかがうと、ちょうど着付けが始まるところでした。

弟子が師匠の着付けをする姿を見るのも、初めてのことです。東京の落語会では若い落語家と一緒になることが多かったし、そもそも師匠方はほかの一門の弟子に着付けをさせることはありませんでしたから。

初めて見る着付けは、息をのむような完璧な進行でした。

弟子は常に、次に必要なものを用意していて、師匠がわずかに体を動かすだけで着付けが進んでいきます。まず足袋《たび》を揃《そろ》え、次に師匠の後ろに回って襦袢《じゅばん》を広げる。師匠がそれに腕を通す間に、弟子は前に回り、もう腰紐を手にして待ち構えています。師匠が腰紐を結ぶと、次は着物、そして帯、羽織と続いていきました。

私はその無駄のない動きから、目を離すことができません。師匠と弟子の間には、まるでこれからリングに立つボクサーとトレーナーのような信頼感がありました。長く師匠を見続けている弟子だからこそ、師匠の心を感じることができるのだと思いました。

準備が整い、師匠が「やろうかあ」と言うと、お兄さん方は「はい！　師匠、お願いします！」と応えます。師匠や兄弟子の後に従い、私も舞台袖に回らせてもらいました。

舞台袖から見えた光景

慣れ親しんだ繁昌亭でしたが、舞台袖から見る景色は、客席からとはまるで別物でした。

袖では、さっきまで楽屋で一緒だったお兄さん方が、太鼓や三味線《しゃみせん》を手に待っています。出番になると、慣れた手つきで出囃子の演奏を始めました。これが本当に格好よかった。それまで参加したことのある落語会では、出囃子はＣＤやテープなどをかけることが多く、生の出囃子を耳にしたのも、師匠の独演会が初めてでした。落語は一人舞台だと思っていたけれど、それを陰で支える人たちがいたのです。

袖で聴く師匠の落語も、新鮮でした。距離が近いので、細かな仕草から顔の表情まで、本当によく見えます。師匠の手の動きに注目して見てみると、その滑らかさや柔らかさに感嘆しました。

舞台袖という場所は、袖という言葉の通り、舞台の一部。お客さんの笑いの波が、私のところまで一気に押し寄せてきます。それまでにも舞台に立ったことはありましたが、私の笑いなんて比べものにならないほど、師匠の生み出す笑いの波は大きかった。それを肌で感じることができました。まるで自分が舞台に立って爆笑を取ったような、そんな錯覚さえ覚えるほどの波。夢のような体験でした。

その日、繁昌亭の舞台袖で師匠の姿を見ながら、私は「もう二度と客席には戻らない」と心に決めました。

落語界にはある暗黙のルールがあります。それは、落語家は客席には座らないということです。これは、演劇の世界にはないルールです。落語家が客席にいるとわかれば、演者もお客さんも、そちらが気になってしまうかもしれない。そうなれば、せっかくの場の空気を乱してしまう。おそらく、そうした理由があるのでしょう。

では、落語家はどこで落語を聴くのか。それは舞台袖です。

落語家は、どんな落語会も舞台袖から観ることができます。それは他の一門の公演であっても同じ。ある師匠のパフォーマンスを観たいなら、その師匠にご挨拶をし、公演を手伝いながら、舞台袖で見学する。それが当たり前のシステムになっています。まだ弟子入りはかなっていませんでしたが、この日、私はお客さんではなく、演者の側に立つことができたのです。

師匠からの伝言

公演が終わり、お兄さん方が帰り支度を始めます。師匠の脱いだ着物を畳み、音響や舞台道具をしまい、楽屋の片付けをする。あまりにも忙しそうで、「私も手伝いましょうか」と申し出ました。

するとお兄さん方は「いやいや！」と私の申し出を断ったのです。それはなぜか。私はまだ、「ゲスト」だったからです。

弟子入りを申し込んだその日、少しだけ師匠に近づくことができて、お兄さん方の輪の中にいる未来の自分を想像して、嬉しくなっていました。まるで桂一門にすでに入っているかのような気持ちになったのです。自分はもうお客さんではない――そんな生意気な考えさえ浮かんでいました。

しかし私はまだ、弟子としては認められていませんでした。私はやはり「お客さん」だったのです。お兄さん方は、私の手をわずらわすようなことはさせませんでした。

夢のような出来事はこれで終わりません。師匠がお兄さんづてに、私に「打ち上げに参加してもよい」と告げてくださったのです。私は天にも上るような心地でした。

打ち上げでは、その場にいられることがただただ嬉しくて、周りに座ってくれたお兄さん方といろいろな話をしました。私の生い立ちや、日本在住が何年目か、落語をどうしてやりたいのかなど、質問攻めにあいました。冗談を言ったり、私の話に突っ込んだりと、楽しく喋ってくれて、私はやはりこの一門に入りたいという気持ちを強くしました。

打ち上げには大勢の人が参加していて、私が座った場所から師匠の姿は遠く、とてもお話ができるような状況ではありませんでした。結局、雨の中で土下座をしてからひとことも言葉を交わすことができないまま、師匠をお見送りすることになりました。

師匠がお帰りになってから、私はお兄さんに呼び止められました。師匠から私に伝言があるというのです。それはなんと、「仕事場へいつでも来ていい」という許可でした。

そして、まずここに来ればいいと教えてくれたのが、師匠が司会をしている『新婚さんいらっしゃい！』だったのです。スタジオの袖で収録を見学することもできるし、もしかしたら師匠と話せるかもしれない。そう言ってお兄さんは、テレビ局の住所を私に手渡してくれました。

それが私の「見習い期間」の始まりでした。

『新婚さんいらっしゃい！』の収録現場

翌週、早速渡された住所の通りにテレビ局に向かいます。番組の前説を終えたお兄さんは、私をわざわざ入口まで迎えに来てくれました。

師匠の到着時間が近づき、駐車場へ向かう私たち。そして一台の車から、師匠が降りてきます。

「おはようございます」と言葉をかけると、「おお」と師匠は応えてくれました。嬉しくなった私は「荷物を持ちます！」とお兄さんに言う。

しかしやはり「ゲスト」には荷物を持たせてくれませんでした。

私はまだ弟子ではないから、まだ師匠の身の回りのことは手伝えない。じゃあ、何をするか。私のやることはただひとつ、「楽屋の前に立っている」ことだけでした。

二時間ほど経ったでしょうか。師匠は楽屋の中で、どうやらメイクや着替えをしています。私はその間も、ただ立ち続けました。いったい、ここで私は何をしているのか。何度も自問しました。

お兄さんは、「座っていてもいいよ」と言ってくれていました。これも「ゲスト」である私への配慮です。でも、これは絶対に立っていたほうがいいと、直感的に思いました。そのときの私は、一日でも早く落語家になるために、弟子入りを認めてもらう。そのことしか頭にありませんでした。

いよいよ『新婚さんいらっしゃい！』の収録がスタートしました。テレビを持っていなかったこともあり、恥ずかしながら、それまで一度もこの番組を観たことはありませんでした。テレビ司会者としての師匠を見るのも、このときが初めてです。

しかし、『新婚さんいらっしゃい！』がなぜ何十年も続いているかがすぐにわかりました。

師匠は、ゲストである素人のカップルが傷つくようなことは一切言いません。若者を下に見るようなそぶりもまったくない。それでいて、ちゃんと爆笑を取る。まさに絶妙なバランス感覚でした。

私のいるスタジオの袖には、制作スタッフの姿もありました。番組のプロデューサーは、十年以上も一緒に師匠と共に番組を作っている人です。そのプロデューサーも、腹をかかえて笑いながら収録を見届けていました。師匠には彼の笑い声は聞こえませんから、決して愛想笑いではありません。数え切れないほど、同じ現場に立ち続けている人が、こんなにも笑っている。何十年も続く番組とはこういうものかと、感動しました。

すべての撮影が終わり、また一言も師匠と話すことはなくその日が終わろうとしていました。駐車場で車に乗り込む師匠を見送ります。そのとき、師匠が一言、言葉をかけてくれました。

「よかったら来週も来て」

その言葉を胸に刻み、私は『新婚さんいらっしゃい！』の収録に、毎週通い続けたのです。

イエスかノーか

しかし、二ヶ月、三ヶ月と経つうちに、私はだんだん心配になってきました。私の弟子入りについて、師匠からは、イエスもノーも、リアクションがまったくないのです。毎週、楽屋の前に延々と立ち続けるだけで、師匠と会話することはほとんどありません。まるで無視されているようにさえ感じていました。

いったい、師匠は私のことをどう考えているのか。弟子にする気があるのか、ないのか。悩んだ末に、私は相羽先生にこのことを相談しました。

相羽先生は、私の話に耳を傾け、そしてこう言いました。

「師匠は、何か言われてませんか」

いや、特に何もおっしゃっていません、と私は答えます。しかし先生は、

「いや、きっと何か言われているはずだ。思い出して」

と食い下がります。

私は師匠のある言葉を思い出しました。毎週、お見送りの際にいつも言う「よかっ

たら来週も来て」ということです。

相羽先生は、これにピンと来たようでした。

「その『よかったら』という言葉は、命令だと受け取ってください。今、あなたは試されています。会話はなくても、師匠はあなたのすべてを見ています。それは間違いない。だから、何があっても収録には毎週必ず行きなさい。それをやめてしまったら、その先はありません」

これが先生のアドバイスでした。


自分のやるべきことは理解できたものの、私はその途方もなさに愕然《がくぜん》としました。一日も早く、師匠のもとで修業を始めたいのに、いつまで待てばいいのかわからない。あとどれくらい、こんな日々が続くのか。苦しい。早く結論が欲しい。焦りが不安に変わり、泣きたくなるほど辛い気持ちでした。

そのときの私は浅はかで、忍耐というものを知りませんでした。

師匠に早く結論を出してほしいというのは、私の勝手なわがままです。私にとって弟子入りは人生の重大事ですが、師匠にとってはそうではない。師匠には落語会があり、新作の執筆があり、テレビ番組があり、上方落語協会会長としての仕事もある。私の弟子入りなど、ほんの小さなことです。

それなのに私は、自分自身の都合で、師匠を動かそうとしていた。まだ「ゲスト」気分が抜けていなかったのです。

それに、師匠は『新婚さんいらっしゃい！』の現場に来ていいとおっしゃった。それがどれだけ貴重なことか、私にはわかっていませんでした。師匠の芸を間近で見ることができ、テレビ局のスタッフとも顔がつながる。そんな貴重な体験を、師匠は私にさせてくれたのです。それを理解せず、ただひたすら焦りを感じていた。アホやったなあと思います。

弟子入りには、決まった形というものがありません。

たとえばある落語家は、意中の師匠を楽屋の外で待ち伏せし、出てきた師匠に向かってたったひとこと、「師匠！」とだけ声をかけた。師匠は彼を見て、「いいよ」と言い、その日から彼は弟子になった。「弟子にしてください」という言葉すらありません。しかも、彼はその師匠にとって十数年ぶりの弟子だったそうです。

落語家が八百人いたら、八百通りの弟子入りがある。だから、いつまで待てば弟子入りが許されるのかとか、そんなことを考えても仕方がないのです。

弟子入りがかなった日

弟子入りを申し出てから、八ヶ月が経ちました。

いつものように『新婚さんいらっしゃい！』の収録に付き添って、師匠を駐車場でお見送りするとき、突然師匠から「時間、あるかな」と聞かれました。私は「もちろんあります」と答えます。そのまま師匠の車に同乗しました。運転席に兄弟子、助手席に私、そして後部座席に師匠。師匠の用事をこなすため、二時間ほどいろいろなところを巡りました。

師匠に付いてどこかへ行くのはその日が初めてで、私の心には驚きと嬉しさがこみ上げてきました。

　あっという間に二時間が過ぎ、師匠の自宅に着いたとき、師匠は私にこう言いました。

「落語はいつでも教えるよ。落語の稽古ももちろんできる。英語で僕の落語を海外に広めてくれたらすごく嬉しいし、落語という芸を世界中でやってくれたらいいと思う。ただ桂という名前が欲しいのなら、落語のプロとして生きていきたいのなら、弟子入りをしなければいけない。三年間、他の弟子と同じように修業しなければならない」

　どちらにするかは、私自身の選択だということでした。そして師匠は続けます。

「今、急いで決めなくていい。半年や一年、落語を勉強してみて、それでもやっぱり弟子入りしたいと思ったら、そのときでもいい。いつでもとってあげるよ」

　と、そう言ってくれたのです。

　私にとって、いつか来ると信じていた瞬間でした。待つ時間はいりません。なぜなら、その時点で弟子入りを志願してからは八ヶ月、落語家をめざしてからは三年間も待ち続けていたからです。

私は迷うことなくこう答えました。

「明日にでも弟子入りしたいです」

師匠は、「もしやらなければいけない仕事があるなら、待つよ」と言ってくださり、大阪芸術大学の修士課程についても、そのまま続けていいとおっしゃいました。そして最後にひとこと、こう付け加えました。

「来週、引っ越してこい」

その言葉を残して、師匠は自宅へと入っていきました。

私は思わず、居合わせた兄弟子と顔を見合わせ、「格好いいー！」と叫んでしまいました。「お兄さん、ありがとうございます」と頭を下げる私に、お兄さんは「そうやなあ、兄さんになったんやなあ」と一緒になって感動してくれました。

人生で最高に幸せな日でした。

次の日、高ぶる気持ちを抑えられないまま、相羽先生に報告をしに行きました。

「弟子入りを認められました」と伝えると、返ってきたのは「そうですか」の一言。

相羽先生はもちろん、いつかはこの日が来ると思っていたのでしょう。そして先生は、この先に待ち受ける修業の厳しさもわかっていた。だから先生は、舞い上がる私を、「これからですよ」と冷静になだめてくれました。

人生のうちで、これほどに強く願ったことはない「弟子入り」という夢がついにかなった。けれど、そんな特別な夢でも、実現したらそれはもう過去のこと。すぐに次の目標に向かって、進むときが来ました。

こうして私は、再び人生のスタートラインに立ったのです。

第4章
落語家修業

修業の始まり

翌週から、私の修業が始まりました。

私が引っ越したのは、師匠の家からすぐ近くのアパート。すぐ上の兄弟子との共同生活でした。

伝統的には、落語家の修業は、師匠の家へ住み込むものです。しかし現在では、通いの弟子のほうがおそらく多いでしょう。私の師匠の場合も、弟子を近くのアパートに住まわせ、毎日通わせていました。

落語家によっては、弟子がアルバイトをして自分の生活費を稼ぐケースもありますが、私の師匠の場合は、アルバイトは禁止。弟子の家賃も食費も、すべて師匠が持ちます。そのうえ、毎月のお小遣いもいただいていた。修業中の三年間、お金の心配をすることはまったくなく、常に師匠のそばにつくことができました。物心両面で、師匠のお世話になっていたのです。

朝一番に、師匠の部屋の呼び鈴を鳴らすと、師匠が出てくる。それだけで心が躍りました。憧れの人のそばに毎日いられるわけですから、掃除も洗濯も、まったく苦になりません。最初の数ヶ月は、師匠のいないところで、「I love 修業〜♪」と鼻歌を唄っていたくらいです。周りのお兄さん方は、「これがいつまで続くかね」と、皆、笑っていました。

初めて師匠の部屋を掃除したときのこと。私は、師匠にどうしたら喜んでもらえるかと考えました。

部屋を片付けているうちに、師匠が撮った記念写真がたくさん見つかった。「よし、これを飾って、賑《にぎ》やかにしよう」と思い立ち、壁に写真を綺麗《きれい》に並べました。カナダでは、そんなふうにして部屋を飾るものなのです。

そしてベッドメイク。普段の師匠のベッドの状態がどんなふうなのか、私は知りませんでした。そこで、枕やクッションを山のように積んで、高級ホテルのスイートルームのように飾り立てたのです。

後で師匠は、兄弟子と一緒に部屋に入って目を丸くし、「おい、見てみい。外国人の弟子だと、こんなことになるんか」と笑っていたそうです。

師匠が笑ってくれたからよかったものの、兄弟子は頭をかかえていました。

お兄さんはあるとき、私にこう教えてくれました。

「弟子は一〇〇をめざすものではない。0《ゼロ》をめざせばいい。師匠に褒めてもらうのがゴールだと思うのは、とんでもない勘違い。師匠が、おまえのしたことにまったく気づかないのが一番の理想。自分の存在を0《ゼロ》にして、気にも留められないようになりなさい」

この言葉には衝撃を受けました。

私はまたしても、大きな勘違いをしていたのです。

欧米の考え方では、自分の仕事をアピールすることはとても大切。アピールしてこそ、初めて周囲に認められ、自分の居場所ができる。私はまだ、そういう考え方から脱却できていなかったのです。

私がこのときやるべきことは、部屋のほこりを払うことで、ベッドを飾り立てることではなかったのです。

「空気を読む」ことの難しさ

こんな失敗もしました。

修業中の弟子は、私とお兄さんの二人。師匠が外で仕事があるときは、二人のうち一人が師匠の車を運転し、もう一人が事務所に残って留守番をします。

その夜は、私が事務所で留守番する役目。しかし、特にやることもなかったので、アパートに戻って休むことにしました。アパートは事務所から歩いて五分。師匠が事務所に寄ったり、私を自宅に呼んだりするときは、いつもお兄さんから事前に電話がありましたから、それからアパートを出ても、十分、間に合う距離でした。

師匠は夜遅く仕事を終え、私を呼ぶことなく、外出先から自宅に戻ってそのまま休みました。お兄さんがぐったり疲れて事務所に戻ると、いるはずの私がどこにもいない。「どういうこっちゃ」と思ってアパートに帰ると、そこで私がのんびりくつろいでいるではないですか。

「おお、お兄さん、おかえりなさい」

お兄さんはへたへたとその場に崩れ落ちました。

それからお説教です。

「なんで勝手に帰ったん？　師匠と兄弟子が働いてんねんから、おまえは事務所におらな、あかんやろ。呼ばれたら行けばいいって、そういうもんやない。それは、おまえ、弟子としての心構えがなってないわ」

お兄さんは、怒るというより、私のことを真剣に心配しているようでした。

「こんなことも言われるまでわからんようじゃ、この世界ではやっていけへんで。そんないい加減な気持ちでやっとったら、いつか師匠に迷惑かけることになるで」

そのときは、お兄さんの説明に納得できませんでした。

私が事務所にいようが、自宅にいようが、師匠の今日の仕事には関係ない。何もやることがないのに、事務所でじっと待っているなんてナンセンスだ。その時間を、もっと有効に使うことを考えればいいのに……と。

後から考えてみれば、当たり前のことです。遅くまで働いて帰ってきて、弟弟子がのんびり休んでいたら、どう思うか。あるいは、師匠がそんな弟子の姿を見たら、どう思うか。これも気遣い、礼儀の問題なのです。

お兄さんは、いつも私に「空気を読め」と言っていました。

英語で言うと"read the atmosphere"（雰囲気を読め）。師匠が何を考えているか。その場で何が求められているのか。この次に何が必要になるのか。すべて何も言わなくても察しなさい、ということです。これがとても難しいのです。絶対にこれが正解だというものはありません。状況が変われば、やるべきことも変わりますから。

たとえば、テレビ局の楽屋で弁当を食べるとき。楽屋が狭かったので、私は自分の弁当を持って外へ出て、適当なスペースで食べてから楽屋に戻りました。すると、師匠と兄弟子はまだ弁当を食べている。

「おまえも、早く食べろよ」

「あ、もういただきました」

そう言うと、お兄さんの箸が止まりました。

「おまえね、師匠より先に食べたって、それ、どういうことやねん」

また間違ったことをしてしまった、と悔やみました。

弟子は師匠と一緒にご飯を食べなければいけない、という明確な決まりはありません。場合によっては、師匠に気を遣わせないように、先に食事を済ませたほうがよいこともあるかもしれない。しかし、その場の状況では、勝手に一人で先に食べるのは、失礼だということでした。

食事については、お兄さんからいろいろなルールを教わりました。

たとえば、師匠と弟子が一緒に外食をするとき。お金を払うのは師匠なので、メニューも基本的に師匠が決めますが、「おまえたち、自由に選べ」と言われることもよくあります。そんなときに、どのメニューを選んだらいいのか。

お兄さんのアドバイスは、「値段が下から二番目くらいの、ボリュームのある料理を選びなさい」でした。

師匠にごちそうになるのですから、値段の張る料理を頼むのはもちろん遠慮しなければいけません。兄弟子よりも高い料理もはばかられます。かといって、値段が一番下の料理は、ちょっとあからさま過ぎる。そこで、下から二番目くらいがちょうどよい――というわけです。

そして、料理のボリューム。あまり少ないと、体調が悪いのかと師匠に余計な心配をかけてしまいます。ですから、量の多い料理を頼んだほうがよいのです。

ときには兄弟子が厚意で、「おまえはカナダ人だから、肉が好きだろう」と私に肉を取り分けてくれることもあります。ですから、私の皿には、ボリュームのあるメインディッシュに加えて、お兄さん方から分けてもらったおかずまでもが載っていることがしばしばありました。もちろん、私は弟弟子ですから、全部残さずに食べなければいけません。

このシステムは、食べ盛りの若い弟子にはよいですが、四十歳を目前にした私には、なかなか辛《つら》かった(笑)。目の前の料理を片付けるのに、いつも悪戦苦闘していました。

食べるスピードについても、暗黙の決まりがあります。

「弟子は、師匠の食事が終わる直前に食べ終わるのがよい」

それはなぜか? 私には見当もつきませんでした。お兄さんの答えはこうです。

弟子が先に食べ終わって、師匠の食べる姿をじっと眺めているのは、師匠に対して失礼にあたる。かといって、師匠が食べ終わったのに弟子がまだのんびり食事をしていては、用事が果たせない。師匠は食べ終わったらすぐどこかへ移動したいかもしれないし、弟子に何かをお願いするかもしれない。だから、師匠の食事のペースをさりげなく観察して、師匠が食べ終わる三分前くらいに食事を済ませるようにしなさい。

こういうことが、カナダ人の私にはわかりません。「ご飯を誰が先に食べるか、後に食べるか、そんなことどうでもいいじゃないか」――カナダ人の常識では、そう考えるのが自然です。

しかし、日本では違うのです。上の人に気を遣うことや、和を乱さないこと、分《ぶん》をわきまえること。そうしたことが社会の基盤になっているのです。

「空気を読む」ということを私が多少なりとも理解するまでには、長い時間がかかりました。

常に全体のことを考える

落語家が「空気を読む」ことを大切にするのは、それが落語の上演システムにも深く関わっているからです。

寄席では、お客さんは最後に出演する「大トリ」の落語を聴きに来ます。大トリ以外の出演者は、後の大トリがやりやすいように、配慮しなければなりません。もしも前座が自分の演目だけのことを考え、時間をたっぷり使って派手な一席を演じたら、お客さんは途中で疲れてしまう。そうなると後に続く落語家はやりにくくなりますし、結果として、ショーの全体を壊してしまうことになります。

だから、落語家は常に寄席全体のことを考え、自分の後に舞台に立つ人のことを考えなければいけない。これはすなわち、「空気を読む」ということです。

これが欧米で一般的なスタンダップ・コメディなら、話は別です。スタンダップ・コメディのショーでは、自分の持ち時間を好きに使えばいい。前後の出演者のことなど、誰も考えません。自分がどれだけ観客を笑わせることができるか。それだけの勝負です。

しかし、落語は違う。一人で演じるものではあっても、決して一人だけの芸ではないのです。

これは年季《ねんき》明け（修業を終えること）してからのことですが、私が空気を読めなかったために、師匠にきつく叱られたことがあります。

兄弟子の一人が主催した落語会でのことです。そのとき、私は一門の若いほうから数えて二人目。しかし私は、あろうことか、カナダ国旗の楓《かえで》をあしらった、ド派手な柄の羽織を着て舞台に出たのです。

年季明けですから、羽織を着ること自体はルール違反ではありません。しかし、自分より芸歴が上の兄弟子がたくさん出演する落語会で、そんな目立つ服装をするのは、横紙破りなことでした。

劇場に来ていた師匠は、楽屋で烈火のごとく怒りました。

「おまえ、あの羽織はどういうつもりや！」

今日はお兄さんの落語会なのに、私がまるで主役のような派手派手しい羽織を着て、お客さんの注目を集めている。寄席全体のことを考えれば、そんな衣装は自重するべきでした。師匠はそのことで私を叱ったのです。

まだまだ私には修業が足りていないと、恥ずかしく思いました。

「桂三輝」という名をもらう

入門して一ヶ月ほど経《た》ったころです。

事務所で片付けをしていると、お兄さんが私をつかまえ、

「師匠がちょっと呼んでる」

と言うのです。また私は何かやらかしてしまったのか、と不安になりました。

応接室に入ると、師匠とマネージャーさんが待ち構えていました。師匠はおもむろに切り出しました。

「あのね、『輝』という漢字、わかる？」

私はわかりません。

「じゃあ、電子辞書、見て」

いつも使っている電子辞書で調べました。意味は"shine, light"とありました。

師匠はうなずいて、色紙を取り出し、「桂三輝」と大書しました。

「『輝』と書いて、シャイン。君はこれから、桂三輝《さんしゃいん》」

私は感激して、思わず師匠の目の前で「ワーオ！」と叫んでしまいました。日本の当て字というシステムは知っていましたから、桂三枝の「三」と「輝」を組み合わせてサンシャインと読ませていること、そしてそれがsunshine（太陽の光）にかかっていることは、すぐに理解できました。

師匠は、名前に込めた意味も話してくれました。

「君にはいずれ海外でも落語をやってほしい。だから、海外の人にも通じる名前をつけた。太陽のように、世界中で輝いているような落語家になってほしいから、頑張れ」

桂三輝。まるで生まれ変わったような気持ちでした。

思えば、名前をもらうというのは特別な体験です。赤ちゃんのときは誰しもが名前をもらいますが、まだ物心がついていませんから、その瞬間のことは覚えていません。そういう意味では、私は人生に一度の経験をしたと言えるかもしれません。

しかもこの時点で、私は弟子入りしてまだ一ヶ月。落語の一席もまだ覚えていないし、着物も満足にたためない。もしかしたら、来月には弟子を辞めているかもしれない。そんな状態の私に、師匠は桂一門を名乗ることを許してくれたのです。

「落語家は、修業を終えてから名前をもらう」と勘違いしている人がたまにいます。テレビ局の記者ですら、そう思っている人がいました。しかし実際には、落語家は修業のかなり早い段階で名前をもらいます。私の師匠は、「できるだけ早く弟子に名を付け、芸人としての自覚を持たせたほうがいい」という考えでしたから、その中でも特に早い方でした。

私は、このシステムは落語の奥の深さを表していると思います。まだ何もしていないのに、名前を付けてもらい、芸人として認めてくれる——たとえるなら、運転免許証を先にもらってから、「これから頑張って運転ができるようになりなさい」と言われるようなものです。そんなやり方は、普通はありえないでしょう。

しかし、そのことによって、師匠にはかり知れない恩義が生まれます。「何としても、このご恩を返さなければいけない」という責任感が芽生え、それが弟子を成長させるのです。もし年季明けに名前をもらうというシステムだったら、名付けの意味合いは逆に軽くなってしまうでしょう。

「桂三輝」という名前をもらってすぐに、師匠の独演会での大喜利《おおぎり》コーナーに、私も出演させてもらえることになりました。

このとき、師匠は私に一つのアドバイスをしてくれました。

「髪を染めたらどうかな？」

もともと私の髪の色は濃い茶色。師匠の独演会は千五百人規模の劇場で行いますから、後方のお客さんには私の顔がよく見えず、白人だということがはっきりわかりません。髪の毛を金髪にしたら、お客さんにも一目で、私がどんな人かわかるだろう、という考えでした。

この演出の効き目は抜群でした。

舞台上で、師匠が私を紹介します。

「えー、一番端っこに金髪の奴がいるのにお気づきですか。これは私の一番下の弟子の、桂三に『輝く』と書きまして、桂三輝と申します」

その瞬間、千五百人のお客さんがドッと沸きました。

舞台がはねた後、師匠は私に冗談めかしてこう言いました。

「おまえ、名前だけでどえらい受けたな。感謝せえ」

お兄さん方も、「名前でこんだけ受けるって、なかなかないで」と喜んでくれました。

私は、自分のもらった名前のありがたさを、改めて嚙《か》み締めました。

ニューヨークでの失敗

入門して三ヶ月ほど経ったころ、師匠がたまたまニューヨークに行くことになりました。師匠は私に、

「三輝。おまえがニューヨークで役に立つこともあるやろ。一緒に来い」

と言ってくれました。私は調子に乗って、あろうことか、「師匠、もちろんです。私がいろいろ案内してあげますよ」と答えました。師匠は苦笑していました。そこは、「ご一緒させていただいてよろしいんですか」と、言わなければいけない場面でした。

私はまだ弟子のなんたるかがわかっていなかったのです。

ニューヨークに着いて最初の日、師匠と兄弟子と一緒に、市内観光することになり

ました。タクシーに乗り込むと、師匠はこう言いました。

「自由の女神に行くように言ってや」

ところが私は、「自由の女神」という日本語がわかりません。恐る恐る師匠に聞き返しました。

「師匠、もう一度お願いします」

「自由の女神や」

「師匠、もう一度」

「自由の女神、わからんのか。役に立たん奴やなあ」

師匠は諦めて、兄弟子に通訳するように言いました。お兄さんは英語がまったくできませんでしたが、果敢に挑戦します。

「ミスター・サンシャイン！　プリティ・レディ！　ブック！　ファイヤー！」

私はやっと理解して、「オー、ＯＫ、ＯＫ」。

師匠は怒り出してしまいました。

「なにがＯＫや。今のはほんまの英語ちゃうやろ。どないなっとんねん！」

「師匠、もう大丈夫です。お任せください」

私は運転手さんに言いました。

"Please take us to the Statue of Liberty."（自由の女神に行ってください）

これで話は終わったとホッとしました。

ところで、ニューヨークのタクシー運転手には移民が多く、英語がそれほど上手でない人もたくさんいます。この運転手さんもそんな一人でした。彼はこう返してきました。

"I'm sorry, sir. One more time, please."（すみません。もう一度お願いします）

なんと彼は、"Statue of Liberty"という英語を知らなかったのです。

師匠はますます怒り、耳から煙が出そうなほどでした。

「三輝！　おまえの英語、全然通じへんやないか」

私は苦しまぎれに、運転手に言いました。

「プリティ・レディ！　ブック！　ファイヤー！」

運転手は、「オー、ＯＫ、ＯＫ」。

嘘《うそ》のような本当の話です。

師匠は未だにこのことを覚えています。先日、私が師匠に挨拶して「今度ニューヨークで公演をします」と言うと、

「大丈夫か。おまえあのとき、英語通じてなかったで」

と心配されました。

落語の仕草は難しい

入門したばかりの弟子が最初に覚える演目は、師匠が決めます。

古典落語なら、前座噺《ばなし》と呼ばれる「犬の目」や「動物園」、「寿限無」、「時うどん」。

師匠の創作落語なら「お忘れ物承り所」と、だいたい決まっています。これらの演目は比較的難易度が低く、入門者向きとされているからです。

私が初めて覚えたのは「お忘れ物承り所」でした。駅のお忘れ物承り所に毎日届くいろいろな忘れ物を巡って、駅の職員と客が問答を繰り広げるというストーリーです。

「すみませんが」「はい、何でしょう」「傘を忘れたんですけども」「どんな傘ですか」

「上のほうはこうなっていて、下はこんなで」「いや、傘の形はわかってるんですよ」……とこんなふうに進んでいきます。

この噺は、二人の掛け合いがずっと続くからテンポも良いし、内容は誰にでもわかりやすい。フルで演じると三十〜四十分くらいのボリュームがありますが、短いエピソードの積み重ねなので、適当な長さに縮めることもできます。現代が舞台で、難解な言い回しは特にありませんから、英語にも翻訳しやすい。いろいろな意味で、扱いやすい演目でした。

演目をそらで覚えるようになるまでは、自分一人の作業です。楽屋の外で師匠を待つときや、事務所で留守番をするとき、移動中の新幹線などの空き時間に、台本をそばに置きながら、ずっとブツブツ、ブツブツつぶやく。それを繰り返して、まずは自分なりに形にしてから、師匠のところに持っていきます。

「師匠、お稽古お願いします」

「おお、じゃあ、ちょっとやってみい」

そこで、師匠の前で一席やる。私の語り口や仕草、態度におかしいところがあると、

師匠は、逐一止め、

「いやいや、それちゃう。こうや」

と稽古をつけてくださいます。

師匠は私に、「英語と日本語、どちらでやってもよい」と言ってくださっていましたから、「お忘れ物承り所」の英語版を稽古することもありました。師匠が自分自身で書いた作品ですから、私が英語で演じても、何をやっているかは全部わかります。ですから、英語落語といえども、普段の日本語落語の稽古と何ら変わることはありませんでした。

稽古で特に難しいと感じたのは、仕草です。

落語では、たとえばお猪口《ちょこ》にお酒を注ぐときはこう、うどんをするときはこう、というふうに、形が決まっています。それは、代々の落語家の試行錯誤から生まれた、どうしたら一番お客さんにリアルに見えるかという知恵です。弟子入りすると、その形を師匠や兄弟子から厳しく教えられます。

しかし、頭では理解しても、実際にやってみるとどこか嘘臭く、ぎこちない不自然な動きになってしまいます。一回や二回では、身につかないのです。何十回、何百回稽古しても、まだ足りません。さらにお客さんの前で何十回と繰り返して、ようやく自分の身体になじんでくるようになります。

私は外国育ちですから、日本人の落語家よりも、形をなじませるまでに余計に時間がかかるようでした。ですから、たとえば麺をすする仕草は未だにうまくできず、「時うどん」は私のレパートリーに入っていません。好きな演目なので、そろそろ挑戦してみたい気持ちはあるのですが。

シンガポールでの初舞台

修業中の弟子が、いつから人前で落語を演じるようになるのか。これも師匠の胸ひとつです。「これなら、お客さんの前に出しても恥ずかしくない」と師匠が判断すれば、「おまえ、出ていいよ」ということになる。早い人なら、弟子入り一ヶ月で初舞台を踏むこともあります。

もちろん、前座としての出演です。持ち時間は十分程度で、基本的にまくらはふりません。自己紹介をして、すぐに本編に入ります。まくらは、好きなことを自由に喋《しゃべ》っていい時間ですから、「修業中の弟子にはまだ早い」という考え方からです。そのほかに、紋付きや羽織はかまなど、派手な着物を着てはいけないというルールもあります。

東京の新宿末廣亭《すえひろてい》なら、開演前、お客さんがまだ客席に着くか着かないかの雑然とした会場の中で、マイクを使わずに、地声で元気よく一席やります。これがなかなか面白い。

大阪では、東京より寄席の数が少なく、常設の寄席は繁昌亭ただひとつしかありません。落語家の出演機会が限られているため、東京のように修業中の弟子が前座をつとめるようなシステムはなく、十年以上も芸歴のあるお兄さんも、「前座」として高座に上がっています。もちろん、こちらは末廣亭の前座とは違い、マイクもある、ちゃんとした出番です。上方落語では、落語家の数に対して寄席の数が少ないため、若手になかなか出演機会が回ってこないという問題があります。師匠はその問題を解決するために、繁昌亭に輪茶輪茶庵《わちゃわちゃあん》という小さな休憩所を設けて、そこで若手が落語をやれるようにしました。もし上方落語の若手の落語を聴きたいときは、そこへ行くといいですよ。

私の初舞台は、入門してから半年後。場所は、なんとシンガポールでした。

師匠は毎年、海外公演としていろいろな国で独演会をしていました。もちろん日本語で、来場されるお客さんは現地在住の日本人の方がほとんどです。私が入門した翌年の二月、シンガポールで公演をすることが決まっていました。そこで私が、師匠の「お忘れ物承り所」を英語でやるようにと、指名されたのです。

落語の数百年の歴史の中で、初舞台が海外で、しかも英語公演という落語家は、おそらく私が初めてでしょう。

このとき、本編は英語でしたが、自己紹介は日本語でやることになりました。自己紹介といっても、ごく短いものです。

「皆さま、ご来場いただきありがとうございます。私は桂三枝の十五番目の弟子の、『三』に『輝く』と書いて、桂三輝と申します。私の師匠の創作落語を、英語でやらせていただきたいと思います。最後までごゆっくりお楽しみください」

だいたいこの程度のものでした。

ところが、その簡単な日本語が、いくら練習してもうまく言えません。日本語の発音は問題なかったと思いますが、口調がどうにも落語家らしくならないのです。途中でセリフを間違えて、詰まってしまうこともしばしばありました。

師匠の前で何度やっても、「だめ」「もう一回」と言われるばかり。独演会の冒頭を飾る大切なセリフですから、師匠も妥協しません。

結局、兄弟子と二人でホテルの部屋にこもって、この口上を二時間ぶっ続けで練習しました。お兄さんも、さぞしんどかったことでしょう。最終的に、なんとか師匠も合格点をつけてくれました。

やがて迎えた本番。重圧に押しつぶされそうになりながらも、なんとか口上を述べ、無事に前座をつとめることができました。そのときの私はまったく未熟で、今から考えると冷や汗が出るほどですが、師匠の「お忘れ物承り所」は、噺そのものの持つパワーがありますから、お客さんは大いに笑ってくれました。

私が高座で頭を下げて舞台袖に引っ込むと、そこに師匠が待ち構えていました。師匠は、舞台袖で私の演技をじっと見ていたのです。そして、的確な講評をしてくれました。あそこは早口すぎるから、もっと間《ま》を取ったほうがいい。あのセリフは、意味をちゃんと理解して言っているのか。あそこは、だらだらしている……。

実はこのとき、師匠の一回目の出番は、私のすぐあとでした。独演会では、弟子、師匠、弟子、師匠……というように、師匠と弟子が交互に一席をつとめるからです。

つまり師匠は、入れ替えのわずか三十秒ほどの間に、私に指導してくれたのです。すぐに出囃子《でばやし》が鳴り、お客さんの拍手が聞こえてきました。師匠は言いたいことをすべて言い終えると、完璧なタイミングで舞台に上がっていきました。

師匠はいつもこんなふうに、舞台袖で弟子をじっと見て、入れ替えのわずかな時間で気づいたことを話してくれます。終わってすぐのこの瞬間が、演じた本人の記憶が一番鮮明で、細かいところまで覚えているからでしょう。

落語の振り付けや語り口調は稽古で学べますが、「間」は、お客さんの前で実際に演じてみないことにはわかりません。ですから、師匠は出番合間のこの貴重な指導時間を、いつも大切にしているのです。

高座に座るとき、舞台袖にいる師匠の視線ほど怖いものはありません。

両親の前で舞台に立つ

シンガポール公演の約二ヶ月後に、今度はトロントで師匠の独演会がありました。偶然にも、私の故郷の街で、師匠の公演が予定されていたのです。もちろん、私も同行することになりました。

本番前、師匠があることを思いつきました。私の出囃子の曲を、カナダの国歌『オー・カナダ』にしようというのです。師匠らしい茶目っけのある演出でした。

幕が上がり、出囃子が鳴る。ところがその出囃子が国歌だったものですから、お客さんが皆、起立してしまいました。そんな中、私が舞台に上がっていきました。

「おい、三輝が出ていったら、皆、立ち上がったやないか。前座でスタンディングオベーションは見たことないな」

師匠とお兄さん方が、ざわつきました。

私は、「前座が目立ってはいけない」というルールをもちろん知っていましたから、心の中で、「これはあかん。お願いだから、皆さん早く座ってください」と必死に懇願しながら高座で頭を下げました。

ところがお客さんは、私がお辞儀をしたことで、国歌を流したのは師匠の粋《いき》な演出だと気づいたものだから、私の気持ちとは裏腹に「ブラボー！」という歓声と拍手が沸き起こってしまいました。鳴り止まない拍手に、冷や汗が止まりませんでした。

この公演には、私の両親と弟も観に来てくれました。私以外の出演者は皆、日本語ですから、彼らはまったく理解できません。それでも、私の出番が終わったからといって帰ることなく、最後まですべての演目を観てくれました。

公演が終わってから、両親はこう言いました。

「あなたの師匠が今日何を喋ったか、私たちにはわからない。でも、一時間半、ずっと喋り続けて、あそこまで笑いが起きるコメディアンは見たことがない。だから、きっとあなたはいい人についていると思う。頑張りなさい」

私は深く心を動かされました。言葉がわからないのに、師匠の面白さも人柄も、ちゃんと両親に伝わっていたのです。

　カナダ人の両親にとって、落語の修業は理解の範疇《はんちゅう》を超えています。師匠とは何か、弟子とは何か。なぜこの歳《とし》になって、他人の家の掃除や洗濯をし、かばん持ちをするのか。わからないことだらけです。しかし、この日、両親は私の弟子入りのことを認めてくれました。

　師匠は、その日の打ち上げに私の両親を呼んでくださり、そこでいろいろな話をすることができました。決して忘れられない体験です。

師匠が第一か、私が第一か

　修業期間中、テレビ出演のオファーが来たことがありました。私は、これはチャンスだと思いました。

　修業中の弟子でも、師匠の許しさえあれば、落語会に出演するなど、外での仕事をすることは珍しくありません。そのとき私は入門三年目。すでに私の下に二人の弟弟子がいたこともあり、師匠から外の仕事を取ることを許可されていました。ですから、修業の身とはいえ、テレビに出演することは問題ないはずでした。

このことを師匠に報告したら、きっと喜んでくれるだろう。私はそう考えたのですが、お兄さんの意見はまったく逆でした。

「おまえ、その話は師匠の耳に入れるな。師匠には何も言わずに、『修業中ですから』と言って断ったらいい」

なぜ？　私には理解できませんでした。

「師匠に報告すれば、『おお、出ろ出ろ』と言うに決まっている。でもそれは、師匠がおまえに気を遣ってそう言うだけ。修業中なのに師匠に気を遣わせるなんて、間違ってる。番組に出演することになれば、師匠の身の回りのことがおろそかになって、必ず師匠に迷惑がかかるよ」

これがお兄さんのアドバイスでした。

私は納得がいきません。これは私にとって有名になるチャンスかもしれない。楽屋の外に五時間立っている間に、テレビに出演したほうが絶対いいに決まっている。私の大きな仕事のために、師匠が少しくらい不便になったって、いったい何の問題があると言うんだ……。そのときは、そんなふうに考えていました。今思うと、恥ずかしい気持ちでいっぱいです。

結局、その話は師匠の耳に入るところとなりました。お兄さんの予想通り、師匠は「出なさい」と言ってくださり、私はその番組に出演しました。

でも、それだけでした。何も起こらなかった。ただ、修業の身である私がわがままを通し、周りに迷惑をかけただけでした。

そのときの私は、まだ西洋人の考え方が抜け切れていなかったのです。西洋人は、常に「Me! Me! Me!（私！　私！　私！）」。「私はいつ一人前になれる？　私はいつ仕事が取れる？　私はいつ舞台に立てる？」と、いつでも自分中心に考えます。自分自身のゴールにどうやって最短距離で到達するか。それが人生の課題です。

落語の修業は、これとはまったく違います。三年間、自分を無にして、師匠のことだけを考えます。ですから、楽屋の外に立っている五時間、六時間も、無駄は一切ありません。焦らずに、ただそこにじっとしていること。それが大事なのです。その間に別の仕事をしたほうが効率的だというのは、自分中心の考え方です。

朝起きて、すぐパソコンを開いて忙《せわ》しなくメールを確認するのか。それとも、朝起きて一時間瞑想《めいそう》をするのか。伝統的な東洋の理想は、おそらく後者でしょう。落語家の修業も、それに通じるものがあります。

現代では、日本でも効率重視の人がたくさんいるでしょうが、しかしそれでも、日本人の時計は西洋人の時計よりゆっくりと動いているように感じます。これは、両方を体験している私の実感です。社会に落ち着きがあり、忍耐というものが共有されています。

たとえば文楽の世界には、「足十年、左十年」という言葉があります。文楽では、主遣《おもづか》い、左遣い、足遣いの三人一組で人形を動かしますが、足遣いを十年、左遣いを十年修業して、ようやく主遣いになれるという意味です。西洋人の感覚では、ひとつのポジションにつくために、それだけ長い時間をかけるということは、ちょっと考えられません。

「極める」という日本語があります。先に述べた「渋い」と同じで、英語には訳しにくい言葉です。「極める」には、ある極意に達するまで、いくらでも時間をかけて鍛錬するというニュアンスがあります。この言葉の背後には、西洋人の〝忙《せわ》しない〟時計ではなく、日本人のゆったりとした時計が動いているように感じられます。

伝統芸能の世界ほど極端ではないにせよ、日本の会社でも同じようなことがあると思います。欧米の会社は、まさに「Me! Me! Me!」の世界。自分がいかに優れているかをアピールして、ほかの人を押しのけてでも上に行こうというガッツが求められます。もし、その会社で認められなければ、「じゃあ、別の仕事を探そう」とすぐに転職するのです。

それに対して日本の会社では、社員の和を大切にして、皆で助け合う風土があります。人を出し抜いたり、人より目立ったりしなくても、真面目《まじめ》に仕事をしていれば給料はもらえるし、家族は生活できるしくみになっています。最近は日本社会が変わりつつあるので、そうした会社も減っているようですが。

落語家の修業は、「Me! Me! Me!」という気持ちを脱却するには絶好の機会のはずでした。それなのに、私はまだ自分中心の考え方をしていました。

修業中の三年間、焦る必要などまったくなかったのです。ただひたすら師匠のことだけを考えていればよかったのに、自分の損得を優先してしまいました。このときのことを、今でも後悔しています。

修業を終える日

落語家の修業期間は、だいたい上方では三年、東京では四年です。とはいえ、きっかり丸三年経った日に終わると決まっているわけではありません。下の弟子が入らなければ、四年、五年と続けることもあります。

修業を終える日も、派手なことは何もありません。

師匠がある日、

「おまえ、明日からもういいわ」

と言えば、

「お世話になりました」

と頭を下げて、それで終わりです。卒業式をするわけでも、送別会をするわけでもない。前に述べたように、修業中の弟子というのは「0《ゼロ》」の状態ですから、それが終わったからといって、おめでたいことは何もないのです。

弟子が修業を終えるにあたって、何かの試験にパスしなければいけない、ということもありません。これはある意味で当然のことです。修業中に学ぶべきこと――気遣い、礼儀、思いやり、そして空気を読むこと――は、試験では測ることのできないものですから。

とはいえ、一定の期間を過ぎれば、破門をされない限り、自動的に落語家になれてしまうというのは、不思議なことでもあります。このことに象徴されるように、落語をはじめとする伝統芸能の世界では、「時間」が非常に重要視される傾向があるように思います。

たとえば、「真打《しんう》ち」制度もそうです。上方落語には「真打ち」という制度はありませんが、江戸落語ではキャリアを積んだ落語家が「真打ち」となり、落語会で大トリを務められるようになります。「真打ちになる」ためにまず必要なものは時間です。真打ちになるための試験があるわけではなく、ある程度の期間、キャリアを積むことが、真打ちになるための第一の条件になります。

試験よりも「時間」が重要視されるということは、欧米人にとっては理解しにくいことですが、考えようによっては、試験よりもシビアな制度であるともいえます。落語家としての心構え、技量、礼儀、気遣いなどは、結局、自分自身で身につけていくしかないということなのでしょう。

あるお兄さんはこんなことを私に言いました。

「修業中は、師匠のことを常に考えなさい。落語はこの先、一生勉強できる。いくらでも時間がある。でも師匠に対する礼儀、気遣い、伝統を重んじること。これは今しか学べない。修業中に身につかなかったら、その後は、どんなに間違ったことをしても、誰も何も言ってくれない。自分が恥をかくだけだよ」

この言葉は今でも心にしっかり留めています。

修業を通じて体得したことは、舞台上の芸にも如実に現れると私は考えています。たとえば、お辞儀ひとつとっても、落語家のお辞儀は、普通の人とは違います。昔、落語会でアマチュアの落語を聴いたとき、お辞儀する姿だけで、「この人はプロの落語家ではない」とすぐにわかりました。その人の落語は面白く、技術も巧みだったのですが、それでもプロではないことは一目瞭然でした。どこがどう違うかは、言葉ではうまく言い表せません。しかしそれが三年間の修業の重みなのだと思います。形だけを真似《まね》ても、気持ちが入らないのです。

私の修業の最後の日は、あっけなくやってきました。入門してちょうど三年が過ぎたころ、「よしもと住みます芸人」というプロジェクトのメンバーの一人として、私が三重県に住む話が舞い込んだのです。

実は、師匠は自身の修業中に、わらじを履いてお伊勢参りをしたことがありました。私も同じ道を歩きたいと思い、師匠に相談しました。師匠は「ええやないか。せっかくだからテレビ局も呼んで、カメラを連れていきなさい」と言ってくださいました。「よしもと住みます芸人」になるのを機に、私は師匠のもとを離れることになりました。晴れて年季明けです。

わらじを履き、大阪から伊勢まで行脚《あんぎゃ》する旅が始まりました。しかもトンネルは一切使わず、江戸時代の人と同じように徒歩で山越えをします。大変な苦行でした。途中で何度、やめようと思ったかわかりません。なんとか続けられたのは、何十年か前に同じ道を歩いた師匠への想いからです。

第5章

英語で落語を演じること

日本にはお礼の言葉が四十七ある？

修業時代に苦労したことのひとつに、敬語があります。

日本に来て八年経《た》ち、それなりに日本語で意思疎通は図れていましたが、敬語は「です」「ます」くらいしか使えませんでした。

入門したてのある朝、師匠に、

「師匠、おはよう」

と言ってしまい、

「何が『おはよう』や。友達ちゃうねん」

と怒られたこともあります。

私の敬語のひどさを見かねた師匠は、「これで勉強しなさい」と一冊の本をプレゼントしてくれました。それが『敬語マニュアル』（浅田秀子著、南雲堂）です。

この本には、丁寧な言い方からぞんざいな言い方まで、日本語のさまざまな例文がリストアップされています。

たとえばお礼の気持ちを表す言葉。英語なら、もちろん"Thank you."です。丁寧な言い方としては、"Thank you very much."や、"Thank you so much."などもありますが、基本には"Thank you,"でどこでもＯＫです。大統領に感謝の意を述べるときでも、"Thank you Mr. President."（ありがとうございます、大統領閣下）と言えば、まったく失礼にあたりません。

ところで、この『敬語マニュアル』には、日本語のお礼の言葉が非常にたくさん載っていました。「とても」「まことに」などの修飾語の使い分けも含めると、実に四十七通りの言い回しがありました。

丁寧さでいうと、「ありがとう」はだいぶ下のほう。そこから、「ありがとうございます」「まことにありがたく存じます」「まことにありがたく心より厚く御礼申し上げます」と、徐々に丁寧になっていきます。どうやら、日本語では丁寧な言い方になればなるほど、文章が長くなるようでした。

その本によると、日本語で最も丁寧なお礼の言葉は、「なんとお礼を申し上げてよいやら、言葉もございません」だそうです。

私は拍子抜けしてしまいました。いや、どれだけ素敵な言い方をするのかと思ったら、言葉がないんかい（笑）。

私は、四十七通りのお礼の言葉をすべて暗誦《あんしょう》できるように、練習しました。電車の中で「御恩は一生忘れません」などとブツブツつぶやいている外国人は、さぞかし異様に見えたことでしょう。

丁重さの度合いの高くないお礼の表現も載っていました。「どうも」「ごめん」「すまん」「悪い」、そして「サンキュー」。

英語なら大統領にでも使える"Thank you."が、日本ではぞんざいな言い方だとされているとは。私は頭を抱えました。

このエピソードは、私が落語のまくらでよく話しているものです。

「よろしくお願いします」は英語で何と言うか

「よろしくお願いします」も、英語には訳しにくい言葉です。

英語の教科書によると、「よろしくお願いします」の英訳は"Nice to meet you."です。

でもこの訳は、厳密には十分ではないですよね。"Nice to meet you."は「今、出会えて光栄です」という意味ですが、「よろしくお願いします」には、「これから先、たくさんお世話になります、ありがとう」という意味もある。"Nice to meet you."よりも未来を向いているのです。だから、初めて出会ったときだけではなく、これから仕事を一緒にするときなどにも使えるわけです。

そんなことも踏まえて、私が考えた、「よろしくお願いします」の英訳がこちらです。

I thank you in advance for your kindness.

「あなたの親切に、前もって感謝申し上げます」という意味です。こんなフレーズが、実際に英語の挨拶として使われているわけではありませんが、意味はちゃんと伝わります。「よろしくお願いします」のニュアンスもよく出ていると思うのですが、いかがでしょうか。

さらに、日本語の謙譲語・尊敬語のように、自分の立場を下げたり、相手の立場を上にするテクニックもあります。「よろしくお願いします」の場合は、"humbly"（謹《つつし》んで、恐れ入って）という単語を入れれば、謙遜《けんそん》しているニュアンスがより強く出ます。

I humbly thank you in advance for your kindness.

さらに、"kindness"に"great"（多大な）を付け加えれば、相手を尊敬しているニュアンスも加わります。

I humbly thank you in advance for your great kindness.

このような言い方をすれば、日本語の「何卒《なにとぞ》よろしくお願いいたします」と同じくらい、丁寧で上品な響きになるでしょう。

ところで、師匠が贈ってくれた『敬語マニュアル』には、「よろしくお願いします」のもっと丁寧な言い方が載っていました。それがこちらです。

「今後ともよろしく御指導御鞭撻《べんたつ》のほど願わしゅう存じます」

この文章を英訳しようと、「御鞭撻」の意味を調べて、私は仰天しました。なんと、鞭《むち》で打つという意味だったのです。つまり先の文章は、英語にするとこうなります。

Please teach me and hit me with a whip.（私を指導して、そして鞭で打ってください）

私はこの「御指導御鞭撻」を、実際に結婚式のスピーチで聞いたことがあります。新婦のお父さんが、こんなことを言いました。

「娘がいろいろとご迷惑をおかけいたしますが、どうか今後とも、御指導御鞭撻のほど、よろしくお願い申し上げます」

これを英語に直訳すると、こうなります。

My daughter will be a big problem for you, but please teach her and hit her with a whip.（私の娘はあなたがたに大変な迷惑をかけます。でも娘を指導して、そして鞭で打ってください）

もし英語でこんなことを言ったら、このお父さんはクレイジーだと思われるでしょう（笑）。日本語は面白いと改めて感じた瞬間です。

日本風の英語について思うこと

私がまくらでよく話す、日本語にまつわるエピソードで、もうひとつ、「せっけん」の話があります。これも私が実際に体験したものです。

ある日、手を洗うときに使うソープを切らしたのでコンビニに買いに行きました。それを日本語で何と言うのか、私はわかりませんでしたが、電子辞書で調べると、「せっけん」とありました。

「すみませんが、『せけん』ください」

「はい、何でしょう？」

「せけん。せけんがほしい。せけんはどこにありますか」

「ちょっとこちらで取り扱っているかどうか……」

「いや、せけん。何回言うの」

「ひょっとすると、それはアメリカにしかないものでしょうか」

「いやいや、どこにでもあるよ」

私は「せっけん」の「っ」がどうしてもうまく言えなかった。「っ」は、日本語を学ぶ外国人が苦戦しがちな発音のひとつです。

私は結局、自力で店内を探して、目的の商品を見つけました。そして店員さんに言いました。

「これ。これがほしかったんです。これは日本語で正しくはどう発音しますか」

「お客さま、これは『は、ん、ど、そ、う、ぷ』と言います」

最初から英語で言えばよかった、というオチです。


ご存じのように、日本語にはこういった英語由来の言葉がたくさんあります。ときどき、こうした日本風の英語を毛嫌いしたり、発音がおかしいと糾弾する人もいますが、私は特に変だとは思いません。日本人が英語から単語を借りて、自己流にアレンジしているだけのことですから。

それに、英語圏の人の単語の使い方が、世界ですべて同じとは限りません。

たとえば「スマート」という言葉は、日本ではしばしば「身体が細い、スリムだ」という意味で使われますが、カナダやアメリカで"smart"と言えば、普通は「賢い」という意味です。ですから、来日した当初は、日本語の「スマート」は間違った用法だと考えていましたし、英語講師として学生にもそう教えていました。

しかし、イギリスを旅行したとき、初めて"smart"には別の意味があることを知りました。イギリス英語には、"You look smart."（あなたはスマートに見えるね）という言い回しがあり、この場合の"smart"は、「服のセンスがいい」「身体にフィットした服を着ている」といった意味になるのです。おそらく、日本語の「スマート」はこちらから来ているのでしょう。

こうしたことを経験してから、私は「英語にスタンダードはないのだ」「国によって、使い方が違って当たり前なのだ」という考え方をするようになりました。それからというもの、日本人の和製英語も、決して「間違い」とは思わず、これが日本式の英語なのだと思うようになりました。

「鶴と亀」をどう訳すか

私が落語家をめざした当初は、自分自身が英語落語を中心に活動することになるとは、考えていませんでした。それより、日本語で落語をやりたいという気持ちのほうが強かったのです。イメージしていたのは、活動の九割が日本語、一割が英語。海外公演はたまにできればいいという気持ちでした。

しかし師匠のもとで修業し、海外公演で大勢のお客さんを目の当たりにしているうちに、その気持ちが徐々に変わっていきました。師匠の創作落語を海外に広めたいという思いが芽生えましたし、師匠自身もそのことを望んでいたからです。

そうして私は、落語を英語に翻訳するという仕事と、真正面から向き合うことになりました。

どうしたら落語の世界を、海外のお客さんにうまく伝えられるのか——そこにはさまざまな試行錯誤がありました。

師匠の創作落語の代表作のひとつに「宿題」があります。この作品は、息子が小学校の算数の宿題をお父さんに見せるところから始まります。

「月夜の晩、池の周りに鶴と亀が集まってきました。頭の数を数えると十六ありまして、足の数を数えると四十四本ありました。さて、鶴は何羽、亀は何匹でしょうか」

しかし、お父さんは答えがわからない。

「続きは」

「続きはないねん」

「それで、わかるわけないやろ」と、お父さんは怒り出し、「こんなアホな問題、出す学校が悪いわ」「だいたい鶴と亀が集まるか」と難癖をつけ始める……と、こういうストーリーです。

この「鶴と亀」をどう英語に翻訳するか。亀（turtle）はよいとして、鶴（crane）は英語圏ではあまりなじみがありません。師匠と相談して、「じゃあ、鶴をフラミンゴに変えよう」ということになりました。

鶴をフラミンゴに変えてカナダのお客さんに披露してみたところ、最初にフラミンゴが登場したくだりでは、どっと笑いが起こりました。ところがそのまま話を進めていくと、奇妙なことに、途中で徐々に笑い声が小さくなっていったのです。いつもならお客さんが沸くところで、いまひとつ盛り上がらない。なぜだろう？

私ははたと思い当たりました。かつてミュージカルを演出していたときにも、同じようなことがあったのです。ある俳優が、脚本にないセリフを言って爆笑をとったのですが、それによって物語の世界観が壊れてしまい、劇全体ではマイナスになってしまった――そんな経験でした。

鶴をフラミンゴに変えたのも、同じことだったのです。フラミンゴと言うと、カナダ人やアメリカ人は、フロリダ州の湿地にいるフラミンゴの大群を思い浮かべます。せっかく着物を着た落語家が日本の話をしているのに、フラミンゴが登場した瞬間、頭がフロリダ州にぽーんと飛んでいってしまう。その場では受けても、結局は噺《はなし》の世界観を壊してしまうことになるわけです。

そのことがわかって、私はフラミンゴを鶴に戻しました。すると、落語の全体では、何倍も笑いが大きくなったのです。

「もとの話のほうが、カナダのお客さんにずっと受けました」と報告すると、師匠は「そうかそうか」と喜んでくれました。

師匠の「宿題」のストーリー自体は、どの国でも通じる普遍的なものです。もしアメリカのコメディアンが、「宿題」をスタンダップ・コメディに翻訳して、アメリカン・スタイルで演じたら、きっと爆笑を取れるでしょう。

しかし、私は着物を着て、高座に座って「宿題」を演じます。そのスタイルでやる以上は、噺の中身でも「日本らしさ」を随所で演出しなければいけません。私の外見は完全に欧米人ですから、油断すると観客の意識は日本を離れて、北米に戻ってきてしまう。そうなるといっぺんに興ざめしてしまい、笑いの量はぐっと少なくなってしまうのです。

ですから、私は作中の人名を英語の名に変えたり、シチュエーションを英語圏に変えたりはしません。英語でやるときも、「宿題」の少年の名は「はじめ」のままです。海外のお客さんは、落語に日本情緒を期待しているからです。

「無国籍な英語」の作り方

落語の舞台を日本らしく感じさせるために、私が考案したテクニックがあります。それは、無国籍な英語を使うことです。

たとえば、落語「動物園」の冒頭はこんなふうに始まります。

「おまえのお母ちゃんに会うたら、えらいボヤいてはったで。相も変わらず仕事もせんと、ぶらぶらぶらぶらぶら、遊び歩いているそうやな。いかんねんで、おまえ。もう二十四にもなって」

この、「おまえのお母ちゃんに会うたら、えらいボヤいてはったで」を、カナダ人が日常的に使う自然な英語に翻訳すると、たとえばこんなふうになります。

I was talking to your mom and she's really ticked off. She's really pissed off with you. She isn't happy.

"tick off"は「怒る」という意味。"piss off"も意味は似たようなものですが、こちらはもっと汚いスラングです。できれば真面目な学生には覚えてほしくない英語（笑）。もし私がこのような言い回しを使ったら、お客さんの頭の中にはカナダやアメリカの日常の風景しか浮かびません。日本情緒はまるで感じられなくなってしまうでしょう。

実際に、私が使っている言い回しは次のようなものです。

I was talking to your mother and she is very upset. She is angry with you. She is not happy.

"tick off"の代わりに"upset"、"piss off"の代わりに"angry"という、教科書に出てくるようなフォーマルな単語を使っています。そして、もうひとつ重要なことは、"she's""isn't"という省略形を使わず、"she is""is not"とはっきり区切って発音するということです。

実際、カナダ人やアメリカ人が日常会話で"She is not happy."などと言うことはまずありません。よほどnotを強調したいときだけです。自然な言い回しは、"She isn't happy."です。これを逆手にとって、あえて省略形を使わないことで、どこの土地の匂いもしない、完全に無国籍な英語ができあがるのです。

ですから私は、"don't"ではなく"do not"、"wanna"ではなく"want to"と正式な言い方で発音します。"I don't wanna eat with you."（あなたと一緒にご飯を食べたくない）は"I do not want to eat with you."となります。

このようにして、英語を無色の状態にし、真っ白なキャンバスを作ります。そうすれば、そこに日本の色を自由に塗ることができるというわけです。

無国籍な英語は、日本らしさを演出するために編み出したテクニックですが、思いがけない副産物もありました。それは、世界中、どこの誰にでもわかりやすい、やさしい英語になったことです。英語圏以外の国で公演をすると、「三輝の英語はわかりやすい」とよく言われます。教科書に載るような言い回しばかりを使っているのですから、それも当然のことでしょう。

北米ツアーでの決意

初めて私自身が海外で公演したのは、二〇一一年のこと。場所は、カナダの首都・

オタワ。在カナダ日本大使館の定本憲明《さだもとのりあき》さんが、この公演の実現のために汗をかいてくれました。その翌年は、オタワ、トロント、モントリオール、ハリファックスの四ヶ所に拡大。さらに翌二〇一三年、定本さんは「北米ツアーをしましょう」と私に持ちかけてくれました。

当初、この北米ツアーは八都市ほどの予定でした。しかし、定本さんの一言で状況は変わりました。北米全域の日本大使館・総領事館の関係者が集まる会合のスピーチで、定本さんは私の公演に言及してくれたのです。

「カナダ人の落語家による、落語の公演を企画しています。興味のある方は私にメールをください」

各地の大使館・総領事館から、メールが続々と届きました。その結果、私の北米ツアーは、八都市どころか、二十五都市・三十五回公演に膨れ上がったのです。

このとき、情報を発信することの大切さをつくづく思い知りました。世の中に、私の活動に興味を持ってくれる人は必ずいる。問題は、その人にどうやって情報を届けるかなのだと。

この北米ツアーのファイナルは、カナダで最も美しい劇場と言われる、トロントのウィンターガーデン・シアターでした。約千人のお客さんが、三十五ドルの入場料を払って、私の落語を聴きに来てくれました。しかも、そのおよそ三分の二は日本人ではなく、おそらく落語を初めて聴くような方々でした。

満場のお客さんが笑う姿を見て、落語が世界中の人々に受け入れられることを確信しました。

「演劇の本場であるロンドンやニューヨークでも、公演をやるべきだ」とそのとき私は決意したのです。そこから、翌年以降のエディンバラ公演、ロンドン公演、そしてニューヨーク公演へとつながっていきます。

落語には教訓がない

初めて落語に接する海外のお客さんは、まず落語のスタイルそのものを面白がってくれます。そもそも座って一人で演じるコメディが珍しいということもありますが、何よりも、多くの人が興味を示すのは、まくら・本編・オチという三部構成です。この組み合わせの妙によって生まれる独特の味わいに惹《ひ》かれて、落語のファンになる人が多いようです。

これはとても嬉《うれ》しいことです。私が初めて落語を聴いたときも、まったく同じことに感動しましたから。

落語のストーリーには教訓がないということも、海外のお客さんには新鮮に映るようです。

ユーモアを交えた小噺は、世界中どこにでもあるでしょう。そうした話にはだいたい善人と悪人が登場し、話の終わりに何らかの教訓があるのが普通です。

たとえば、欧米では牧師や神父が毎週日曜日に、教会で説教をします。信者を退屈させないように、彼らは説教の随所にユーモアを交えて話します。そういう意味では、落語と似た部分がないわけではありません。とはいえ、説教はあくまでも説教ですから、そこには伝えたいメッセージや教訓が必ずあります。たとえば、嘘をついてはいけないとか、人のものを盗んではいけないとか。

しかし落語には、そうした教訓はありません。目的は、ただ笑わせることだけです。

これは珍しい。伝統芸能として、単純に笑いだけを目的とした落語のような話芸がある文化は、ほかにあまり例がないのではないでしょうか。

実は落語も、お坊さんが説話をするときに、話を最後まで聞いてもらえるよう、笑える小噺を挟んだのがそもそもの始まりだという説があります。この説が正しければ、落語のルーツは牧師の説教と近いことになります。だとすると、説話から小噺だけが独立してひとつの芸になったところに、落語の独自性があると言えます。こうした発展は、ヨーロッパでは起こりませんでした。

落語の笑いは万国共通

海外のお客さんが笑うポイントは、どの国でも基本的に同じです。日本、カナダ、アメリカ、イギリス、ネパール、ケニア、どこで公演をしても、同じ箇所で笑い声が上がります。国による違いはほとんどありません。

おそらく、それぞれの地域には、ほかの地域の人には理解されない、独自の笑いのツボもあるでしょう。しかし、落語の笑いは、人間なら誰にでも共通するテーマを扱っています。ですから、地域によって理解されないということはほとんどありません。特に、師匠の創作落語はそうです。古典落語と違い、舞台は現代で、日本を感じさせる道具立てが少ない分、ストーリーの普遍性が際立つからでしょう。

とはいえ、ちょっとしたことに、それぞれのお国柄が感じられることもあります。

オックスフォード大学で公演をしたときのことです。

このときの演目は、先にも述べた、師匠の「宿題」でした。この噺には、算数の問題がたくさん出てきます。お父さんは一問もわかりませんが、お父さんの会社の新入社員の山之内君は、すらすらと答えを出してしまう。その二人の掛け合いが、見どころのひとつです。

算数の問題はどれもややこしいので、普通のお客さんは自分で計算してみようとは思いません。ところが、さすがオックスフォード大学の学生は違いました。山之内君が答えを言うと、会場のあちこちで、うなずく学生が何人もいたのです。なんと彼らは、山之内君と同じくらいのスピードで暗算をしているのでした。

算数の問題が出るたびに、学生たちは、すばやく頭の中で計算をしているようでした。よく見ると、中にはノートとペンを持って、出題を待ちかまえている学生もいます。彼らがあまりに真剣で一切笑わないので、私はやりにくくて仕方がありませんでした。

私は彼らに反撃をしてやろうと試みました。この落語の最後に登場する計算問題は、さくらんぼの数を問う問題です。お父さんは、答えがわからないので、頭に来て、「先生に文句を言いに行くわ」と飛び出してしまう。落語の中で、この問題の答えは明かされません。

私はちょっと意地悪をして、問題の途中でわざと数字を変え、絶対に答えが出ないようにしました。すると会場がざわつきました。

公演の後に、質疑応答の時間があります。普段は、落語についての質問が飛んでくるのですが、その日は違いました。

「先ほどの問題の答えがわかりません。答えは何でしょうか？」

私が「ごめんなさい、数字を間違えました」と言うと、学生たちは口々に「何だ、そうだったのか」と言い、明らかにホッとしたようすでした。

アフリカのガーナでは、こんなことがありました。

落語「動物園」で、虎の毛皮をかぶって檻《おり》の中に入った男が、本物のライオンと戦わされそうになる場面があります。

We are going to leave the lion into the tiger's cage.（さあ、ライオンを虎の檻に放します）

このセリフは、どこの国でも、この噺で一番大きな笑いが起きるポイントです。それまで、ガーナの人たちは私の落語で大いに笑っていましたから、私はこのセリフを言うのを楽しみにしていました。「さあ、ここでもっと受けるぞ」と。

ところが、これを言った瞬間、"Oh, no!!"と悲鳴が上がった。皆、目を丸く見開いて真剣に怖がっていて、誰一人として笑っていないのです。

この話は、そのライオンも実は毛皮をかぶった人間だった、というオチで締めくくられます。

Do not worry, I am also getting ten thousand yen a day.（心配するな、おれも一万円で雇われてるんだ）

このオチのセリフを聞いて、お客さんたちは皆、心から安堵《あんど》していました。「怖かった、本当に怖かった」と手を握り合っている人もいました。これには、私のほうが笑ってしまいました。

おそらく、ガーナでは人間がライオンにおそわれるという状況にリアリティがありすぎて、冗談とは受け止められないのでしょう。「動物園」が思いがけず、人情噺になってしまいました。

海外公演では、こんな嬉しい反応もありました。私の落語を聞いた日本人のお客さんが、「三輝さんの落語は、英語なのに、なぜか日本語に聞こえる」と言ってくださったのです。それも、一人や二人ではありませんでした。

さらに貴重な言葉をいただいたこともあります。海外生活の長い大阪人のお客さんが、こう褒めてくださったのです。

「あなたの英語は、大阪弁にしか聞こえない。英語で大阪弁の雰囲気をこれだけ表現できるとは思わなかった」

どうにかして英語で上方落語の雰囲気を出せたら、と私はいつも考えています。その私にとって、これほどの褒め言葉はありません。

ジャズと落語はとても近い

「西洋には落語のような芸はない」と先に述べましたが、実は私はひそかに、落語にとても近いと思っているジャンルがあります。

それはジャズです。

ジャズ・ミュージシャンは、古典的なジャズの曲を自分のレパートリーとして持っています。これは落語で言うところの、「持ちネタ」にあたります。

そして、たとえばジャズのドラマーとピアニスト、ベーシストが集まれば、キーやテンポといった簡単な約束事を決めるだけで、あとは何も打合せしなくても、即興でセッションができます。お客さんは、それが今日初めて出会ったミュージシャン同士だと気づかずに、「このバンド、いいね」と思うかもしれません。

落語も同じです。寄席に呼ばれて、当日初めて出会った落語家同士が、簡単な打合せだけでその日の演目を決める、というのはごく普通のことです。

「何年目ですか？」「九年目」「では、お兄さん、決めてください」「わかった、じゃあ、あれをやる」「じゃあ私はこれで」……というふうに、二分間の打合せで、その日のすべてが決まります。演目はジャンルのかぶりがないように選ばれますから、初めて会った落語家同士でも、ショーとしての一体感はちゃんと生まれるのです。

落語家はジャズバンドのように、一緒に舞台に出るわけではありませんが、ときにはアドリブで掛け合いをすることもあります。

あるとき、私が古典落語の「四人ぐせ」でセリフを間違ったことがありました。「こういう癖のある人間が四人揃《そろ》うのは珍しいさかいに」と言うはずのところを「こういう癖のあるメンバーが四人揃うのは珍しいさかいに」と言ってしまったのです。私は間違いに気づかずに舞台を下りました。

すると次に出番だったお兄さんが、すかさずフォローしてくれました。

「僕があいつに話を教えたんですけどね、外国人の弟子の噺を聴くといろんな発見がありますね。江戸時代に『メンバー』という言葉があるとは、私も初耳でしたわ」

私は舞台袖から、

「お兄さん、すいませんでした」

と声を張り上げます。

「言わんでもいいわ、いちいち」

これでお客さんはまたどっと笑う。

こうした掛け合いは、私が客として落語を聴いていたころから大好きでした。まるでジャズの即興演奏のような、今この場でしか見られないやりとりに、落語の醍醐味《だいごみ》を感じていたのだと思います。

落語はミニマリズムの芸術

アメリカの有名なコメディアンで、ビル・コスビーという人がいます。彼はたった一人で何人もの登場人物を演じ分ける、スタンダップ・コメディの名手です。

彼の芸は一見、落語と近いようにも見えるのですが、実は大きな違いがあります。

ビルは、声色を変えることで登場人物の演じ分けをしているのです。

落語も同じではないか、と思われるかもしれませんが、実は落語では、人物を演じ分けるのに、声色を変えることはほとんどしません。男でも女でも、その演者の地声で演じます。

では、どうして別人だと理解できるのでしょうか。

ひとつの理由は、顔の向きです。落語では、上手側《かみて》（客席から向かって右側）を向いている登場人物は地位が下、下手側《しもて》（客席から向かって左側）を向いている登場人物は地位が上、と決まっています。また、新しい登場人物は下手側から現れるという決まりもあります。観客も無意識にこのルールを感じ取っているので、人物を取り違えることはないのです。

そしてもうひとつの理由は、最初の登場のときだけ、姿勢やセリフの間《ま》の取り方などの技術を駆使して、人物の特徴をオーバーに演じるからです。

たとえば古典落語「風呂敷」で女房を演じるとき。初登場の場面では、女性らしさを強調するために、身体をのけぞらせ、口元に手をあて、

「おにいさーん、たーいへんよー」

と間延びしたようにセリフを言います。しかし、注意深く落語家を観察すると、決して声色を変えているわけではないのがわかると思います。あくまで、仕草とセリフの間で女性らしさを表現しているのです。

そして、その後は、ごくわずかな仕草だけで、先ほど演じた人物と同じであることを暗示します。ずっと大袈裟《おおげさ》に演じ続けるとお客さんが疲れてしまうので、演者は余計な労力を使わず、「省エネ」するわけです。それでも、お客さんはそのことには気づかず、先ほどの人物を演じ続けているのだと感じ取り、楽しんでくれます。最小限の力で、最大の効果を発揮させようとする考え方のことを、西洋の美術用語で「ミニマリズム」といいますが、私は落語をミニマリズムの芸術だと考えています。

西洋の演劇では、俳優が途中で力を抜いて、演じる労力を最小限にする、などということはありえません。そんなことをしたら、ただの手抜きとしか思われないでしょう。ある人物になりきったら、最後まで演じきるのが当然のことです。しかし、落語の考え方はそうではありません。落語は噺の面白さで観客を楽しませるもので、喋り方や仕草のクセで笑わせるものではないのです。

このことは、師匠の発言で初めて気付きました。

師匠の創作落語の代表作「ゴルフ夜明け前」。坂本龍馬、近藤勇らが、京都のゴルフ場でゴルフ対決をするというストーリーです。まくらを含めると約一時間の大作で、坂本龍馬のセリフでは土佐弁が効果的に使われています。

ある取材で、記者が師匠に言いました。

「師匠、ずっと土佐弁を喋り続けて、すごいですね」

しかし師匠は、こう答えたのです。

「土佐弁なんか、最初の五分だけですよ」

そう、実は師匠は最初の五分間で坂本龍馬の土佐弁をお客さんに印象づけ、残りの時間はほとんど標準語で喋っていたのです。その間は、要所で土佐弁を効果的に挟み込み、あたかもずっと土佐弁で話しているかのように演出していたというわけです。

私自身、師匠がそう言うまでは、「ゴルフ夜明け前」で師匠はずっと土佐弁を喋っていると信じ込んでいました。その話を聞いてから、他の落語家の仕草を注意深く観察すると、皆、同じことを実践しているのです。これまで自分は落語の何を観てきたのか、とショックを受けました。

落語の旅は終わらない

落語界では、十二月十三日の「事始《ことはじ》め」に、一門が集まる習わしがあります。正月は舞台などの仕事で忙しいため、それに代わって新年のお祝いをするためです。

昨年の事始めの席で、師匠が私にこう言いました。

「三輝、海外公演のことをみんなに話してやってくれ」

ちょうどロンドン公演が終わったところでしたから、私はロンドンのお客さんの反応を報告しました。

「ロンドンは演劇の都で、お客さんはとても目が肥えていますから、落語の細かいことにも気づいてくれます。何人かの方は『前半はエピソードトークで、後半は芝居。こんな面白い構成のパフォーマンスは、生まれて初めて体験しました』と言ってくれました」

お兄さん方は、「なるほど、そんなことにも気づいてくれているのか」と興味津々で私の話を聞いてくれます。

師匠が言いました。

「今度は、兄弟（弟子）もロンドンに呼んでくれよ」

私が「交通費しか出せませんが」というと、お兄さん方から、「いや十分、十分」と笑い声が上がりました。

私はそのとき、こんな温かい一門に加わることができた幸せを嚙《か》み締めるとともに、もっと海外公演の機会を増やして、落語の面白さを世界中に広めていきたいという決意を新たにしました。

いま準備しているニューヨークのロングラン公演では、演目の一つとして古典落語の「ちりとてちん」をやろうと思っています。

「ちりとてちん」はこんなストーリーです。ある男のところへ、客人がやってくる。最初の客人は愛想がよく、どんな料理を出してもオーバーに驚き、いちいち褒めてくれる。次の客人はあべこべに愛想が悪く、何にでも知ったかぶりをして、興味を示さない。そこで男は一計を案じ、腐った豆腐を「ちりとてちん」という珍味だといつわって、客人に食べさせようとする……。

このストーリーは、世界中どこでも通用する、普遍的なものです。いつも知ったかぶりをしている嫌な人というのは、どこの国にもいますから。

しかしそれと同時に、「ちりとてちん」は、日本情緒がたっぷり感じられる噺です。おもてなしの精神や、日本料理ももちろんですが、「なんでもオーバーに驚き、褒めてくれること」もそうです。

実際に、私も日本でよく「日本語がお上手ですね」「箸の使い方がうまいですね」と褒められることがあります。「いやいや、もう十八年も暮らしているんですよ」と言っても、「たった十八年で！」と驚かれたりします。

こんなことをまくらで話すと、日本人と付き合ったことのある外国のお客さんは、よく笑ってくれます。みなさん、きっと思い当たるところがあるのでしょう。

ただ面白いだけでなく、日本の良さが伝わるような噺をやりたい——これも私がずっと思っていることです。

芸歴九年の私にはまだ早い話ですが、いずれは人情噺も英語でやりたいと思っています。「文七元結《ぶんしちもっとい》」のような日本情緒あふれる人情噺に、ニューヨーカーたちが涙する。そんなことが実現できたら、これに勝る喜びはないでしょう。

私は、海外では自分の新作落語を披露する気持ちは、今のところありません。私のオリジナリティは、まくらで発揮できれば十分。それよりも、師匠の創作落語と、日本の古典落語を一回でも多く海外のお客さんに聴かせたいと、そう思っています。

それが師匠への、そして落語へのご恩返しの道ですから。

おわりに

アメリカのある大学で落語公演をしたときのことです。その日のお客さんのノリはとてもよく、爆笑につぐ爆笑のうちに幕が下りました。

舞台がはねた後で、一人の大学院生が私のところへ来て、こう言いました。

「私はこれまで七年間、日本文化を研究してきました。でも、日本人がこんなに面白いなんて、まったく知りませんでした」

いや、私は日本人ではなくて、カナダ人ですが……と私は心の中で突っ込みました。

それはさておき、落語という文化は、もっと海外のたくさんの人に知られてよいと思います。これまで述べてきたように、落語は万国共通。どの国の人にも通じる、普遍性を持っているからです。

そして、落語は普遍性を持つ芸術であると同時に、師弟関係、気遣い、礼儀、思いやりといった日本の伝統文化とも深く結びついています。

師匠に弟子入りしてからずっと、私は桂一門の中にいる喜びを感じています。一門は、英語で“family”。師匠が親で、弟子は兄弟。自分の名に、師匠の「三」という一字をいただく。まさに血のつながった家族のような関係です。

師匠のもとで修業した三年間は、今思えば夢のような時間でした。

修業とは、掃除や洗濯、かばん持ちをすることではありません。そんなことは皆、ささいなことです。師匠のそばにずっといられること。それが修業です。こんな貴重な時間はありません。

お兄さん方にもたくさんのご恩があります。落語を教えてもらったり、ご飯をおごってもらったりといった、目に見えることだけではありません。落語の世界のしきたり、心構えを、何も知らない私に教えてくれたのは、お兄さん方でした。

師匠やお兄さん方のもとを離れても、“family”という気持ちに変わりはありません。今でも、兄弟弟子で落語会をやると、実家に戻ってきたような気持ちになります。

日本という遠い国に来て、ご縁のあった皆さまのおかげで、こうして落語家になることができた。いくら感謝しても、し足りません。
最上級のお礼の言葉を申し上げ、本書の締めくくりとさせていただきたいと思います。
なんとお礼を申し上げてよいやら、言葉もございません。

桂三輝

構成：福田麻里瑛
校正：櫻井健司（コトノハ）

桂 三輝［かつら・さんしゃいん］

本名グレッグ・ロービック。一九七〇年、カナダ・トロントでスロベニア系移民二世として生まれる。トロント大学で古典ギリシャ喜劇を専攻。一九九九年来日。日本で初めて聴いた落語に惹かれ、落語家を志す。二〇〇八年、桂三枝（現・六代桂文枝）に弟子入り。戦後初めての外国人落語家となる。二〇一三年以降は、カナダやアメリカ、イギリスなど世界各国で英語・フランス語を駆使した落語公演を行い、日本文化を発信している。

編集：南百瀬健太郎（よしもとクリエイティブ・エージェンシー）
榊田一也（小学館）

空気の読み方、教えてください
カナダ人落語家修業記

二〇一七年十月三日　初版第一刷発行

著者　桂 三輝
発行人　清水芳郎
発行所　株式会社小学館
〒一〇一－八〇〇一　東京都千代田区一ツ橋二ノ三ノ一
電話　編集：〇三－三二三〇－五一四一
販売：〇三－五二八一－三五五五
印刷・製本　中央精版印刷株式会社

Printed in Japan ISBN978-4-09-823507-0

小学館新書
好評既刊ラインナップ

魚はすごい
井田　齊 295

400 年も生きるニシオンデンザメや、奄美大島の海底でミステリーサークルを作るアマミホシゾラフグ、ウツボに化けるシモフリタナバタウオなど、魚の驚くほど多様な生存戦略と、最近得られた知見を紹介する。

銀行員大失業時代
森本紀行 303

「フィンテック」の普及で多くの銀行員が失職するのは必至だ。安穏とした金融マンに未来はない。ではＡＩ時代に淘汰されない銀行員とはどのような人材なのか。変わりゆく金融界で求められるバンカー像を描く。

世にも恐ろしい中国人の戦略思考
麻生川静男 304

中国人には独自の論理や倫理観があり、それを理解するには「中国に関する実例の缶詰」のような歴史書『資治通鑑』が最適である。現代中国に通じる過去のケースを挙げながら、中国人の思考回路と本質に迫る。

しっくりこない日本語
北原保雄 306

数々の辞書を編著した国語学の権威が、日ごろ目や耳にする「なにか変で、どこか気になる」表現を取り上げ、簡潔に解説。フリーアナウンサーの梶原しげる氏、文化庁国語課・鈴木仁也氏との対談も収録。

核大国ニッポン
堤　未果 312

オバマ前大統領の「核なき世界」演説の裏にある、報じられない事実とは何か。新大統領の米国に追従する日本政府が憲法改正へと突き進む今こそ、「唯一の被爆国」の日本人が読むべき新章を加えた真実の書。

フリーメイソン　秘密結社の社会学
橋爪大三郎 315

世界最古で、最大の友愛組織「フリーメイソン」。名前は知られているのに、これほど馴染みのないものも珍しい。日本人が西欧社会を知る上で押さえておきたい“パズルの最後の１ピース”について詳しく解説。